北极民族学考察笔记

丁 宏 著

中央民族大学出版社

图书在版编目（CIP）数据

北极民族学考察笔记/丁宏著
—北京：中央民族大学出版社，2009.11
ISBN 978-7-81108-776-5

I. 北… II. 丁… III. 涅涅茨人—民族历史—研究
IV. K512.8

中国版本图书馆 CIP 数据核字（2009）第 198150 号

北极民族学考察笔记

作　　者：	丁　宏
责任编辑：	吴　云
策划编辑：	沙　平
封面设计：	张日河
出 版 者：	中央民族大学出版社
	北京市海淀区中关村南大街 27 号　邮编：100081
	电话：68472815（发行部）　传真：68932751（发行部）
	68932218（总编室）　　　68932447（办公室）
发 行 者：	全国各地新华书店
印 刷 者：	三河灵山红旗印刷厂
开　　本：	787×1092 毫米　1/16　印张：13.5
字　　数：	162 千字
印　　数：	2000 册
版　　次：	2009 年 11 月第 1 版　2009 年 11 月第 1 次印刷
书　　号：	ISBN 978-7-81108-776-5
定　　价：	30.00 元

版权所有　翻印必究

序

　　民族学是一门以民族及其文化为研究对象的科学。当她在19世纪中叶初创于欧洲时,研究目标针对的是所谓"欧洲文明民族"之外的一切"原始的他族"。研究者们大多不辞辛苦地奔赴遥远而陌生的地区,对当地民族及其"社会生活的样法"观察体验,分析特点,比较异同,探寻规律,并相继构建了一系列从不同角度认识、解读和评价这些人类各民族纷繁文化现象的普适性理论。当然,研究者的科学态度和他们所创理论的科学属性毋庸置疑。但是,欧洲文明至上的观念和部分学者以其理论为本国殖民政策服务的事实,也成了时代留在这门学科上无法抹去的历史印记。

　　20世纪中叶以后,随着西方殖民主义的世界性崩溃,国际政治格局发生了深刻变化,民族学作为一门理论与应用并重的学科,研究目标也发生了重大转变。例如,由于殖民地人民纷纷独立,民族学传统的对"原始"他族的研究已难以为继,且受到激烈的批判。于是,"原始的他"与"现代的我"之界限在研究者的观念中逐渐淡化,人们对族体文化的研究方式,由群体转向强调个人经验、人的意识和主观分析;由以往局外观察的"他观"转为强调参与其中的"自观";对文化价值的判断更强调平等性和相对性;对文化研究的目的,由寻求特点、规律转为对象征性、符号性等意义的探讨和解释等。同时,与其他社会科学乃至自然科学结合的跨学科研究,也成为一种发展趋向。

　　然而,百余年来的民族学学科无论怎样发展,理论如何翻新,以深入实地做田野调查的研究方法却一直被遵循，甚至被奉为圭臬。当然，作为一门学科的研究方法，其本身也经历着一个认识上不断深化和完善的规范化过程。

民族学传入中国已逾百年。起初是对西方理论方法的翻译、介绍，进而尝试用西方的民族学理论解释、分析中国的历史文化。与此同时，鉴于近代以来西方殖民列强对我国周边领土觊觎造成的日益严重的边疆危机，边疆民族社会逐渐成为中国民族学关注的重心。这种倾向到20世纪30年代因少数民族聚居的西部地区成为抗战的大后方而得到加强。期间，学者们纷纷深入少数民族社会开展田野调查，先后完成了一系列信息资料的收集和研究报告，为中国民族学的应用研究，特别是田野工作积累了宝贵的经验。

新中国成立后，民族学曾经历过一段曲折的历程。尽管如此，在整个20世纪50年代，民族学以自己的学科特色和擅长田野工作这一研究方法的优势，在政府主导和相关学科配合下，于全国范围内开展大规模的民族识别和少数民族社会历史调查。它为实施中国各民族一律平等政策和完成对不同社会形态下各民族的复杂社会改革做出了贡献。它所完成的数千万字的调查资料与研究报告，至今仍是民族学研究中国少数民族传统社会最基本的珍贵资料。

民族学以研究民族及其文化为己任，其重要意义之一就在于让不同民族互相了解，加深认识，继而实现彼此理解、互相尊重，最终达到"美美与共，天下大同"的和谐社会目标。新中国成立后，民族学以自己的学科特长为实现国内各民族平等、团结与和谐社会建设做出了卓有成效的努力。然而，中国也是国际社会的一员，中华民族也要与世界各民族平等交往，因此，走出国门，开展对世界各民族的研究，也是民族学义不容辞的责任。但是，在过去较长一段时间，由于受种种主、客观条件的制约，中国民族学对世界民族的研究十分有限，大多仅停留在对国外民族志和相关研究成果的零星介绍和翻译上。20世纪80年代起，随着国家改革开放政策的实施，民族学学者开始走出国门，有了到世界各地考察调研的机会。不过大多只限于走马观花式的参访与学术交流而已，真正到国外从事民族学田野工作的学者却不多见，当然也绝非没有，丁宏博士便是令人瞩目的一位。

丁宏博士是中央民族大学民族学与社会学学院的教授、博士生导师，民族学学科的后起之秀。中国跨境民族及俄罗斯、中亚各民族文化与社会发展比较研究是她多年来关注和研究的重点。为此，她曾多次赴上述国家访学考察。如1996—1997年，对分布在吉尔吉斯斯坦、哈萨克斯坦、乌兹别克斯坦等中亚各国的东干人（19世纪70年代迁往中亚的中国陕甘回族群体）进行了长达一年的田野调查，并在此基础上于1999年出版了《东干文化研究》一书。该书以它多维的理论视角、鲜活的调查资料和朴实、生动的文笔，成为近年来中国民族学界通过田野调查之实证方法研究跨境民族的一部力作。

2006—2007年，丁宏博士又赴俄罗斯圣彼得堡大学访学并进行"俄罗斯对中亚民族的影响"项目的调查和资料搜集。圣彼得堡大学可谓是俄罗斯民族学的摇篮，历史悠久的俄罗斯民族学曾从这里涌现出许多知名学者和颇具影响、面向世界的学术成果。20世纪90年代苏联解体后，因受多种因素影响，其学术活力与学科影响力已有所下降，但民族学重视田野工作的学科传统并未中断。2007年，该校在经费紧缺的条件下，仍组织了一次北极民族学国际联合考察活动，丁宏博士有幸以合作者的身份参与其中。

此次考察目标是俄罗斯北极圈内卡宁半岛极地冻土带以牧养驯鹿为生计的涅涅茨人。考察队由俄罗斯、中国和拉脱维亚的14名学者组成。据称，这是该校继1926—1927年进行的北极民族学考察之后的又一次接续性考察活动。出于对考察地气候恶劣、环境复杂、条件艰苦和部分队员田野工作经验不足等因素的考虑，考察队在半年前就开始了针对调查的培训与各项准备工作。计划是周密的，但实施过程却充满了艰辛与挑战。特别是他们要在北极荒原上不断追随驯鹿奔波的涅涅茨人。涅涅茨人人口稀少，游动性大。为寻找他们的居住点，考察队的每位成员都必须自背行囊，长途跋涉。装满着食物、衣物、睡袋、器材等生活和工作必需品的行囊相当沉重，背着它有时一天需要行走几十公里；宿营时，还要经受北极夏季太阳不落、难辨昼夜和蚊群追逐叮咬等考验。丁宏博士是位女性，日常生活中的其他不便更可想而知。但是，科学研究的志趣和使命感使她坚强地克服了这些困难，圆满完成了考察任务。收获是可观的，呈现在我们面前的这本《北极民族学考察笔记》，正是她此次田野工作成果的结晶。纵览全书，可以看出它有以下主要特点：一是依据田野调查获得的大量文字和影像资料，以图文并茂的形式真实地描述了涅涅茨人的生存环境、生计特征和生活方式等生存状态，记录了他们的家庭结构、行为、礼仪等风俗习惯，堪称是一部日记体的涅涅茨人民族志。二是以全景形式介绍了此次民族学田野调查的全过程，全面呈现和阐释了俄罗斯民族学田野调查方法的特征。三是客观地介绍了俄罗斯民族学的发展历史及特点。总之，这部作品对我国学术界了解俄罗斯民族学的研究状况，特别是其田野调查的方法与理念弥足珍贵；对我国学者扩大研究视野，加强国际交流、合作，争取学术研究的创新，也是一种推动和示范。

向现代化大步挺进的中国，也同时迎接着全球化的挑战。知己知彼才能从容应对，彼此了解、理解、相互尊重才能和谐共处，携手并进。中国各地区、各民族之间需要这样，世界各国各民族之间亦需如此。而以民族及其文化为研究对象的民族学，正是使人民认识并实现这一目标的重要工具和手段。在立足国内加大研究力度的同时，民族学学人也应更多地走出国门，深入实地了解他国、他族，并在实践中向同行学习，彼此交流，以此推动中国民族学应用研究向更广阔的领域迈进。丁宏博士在这方面已经做出了努力，愿这种效应能尽快得到扩散，也愿她能沿此方向继续前进，取得新成绩。

白振声
2009 年 3 月 26 日

目 录

引　子 ·· 001

2006 年 11 月 16 日　　星期四 ·················· 003

2006 年 11 月 24 日　　星期五 ·················· 009

2007 年 2 月 26 日　　星期一 ···················· 010

2007 年 3 月 16 日　　星期五 ···················· 013

2007 年 3 月 24 日　　星期六 ···················· 014

2007 年 3 月 29 日、4 月 24 日、5 月 3 日 ······ 018

2007 年 5 月 12 日　　星期六 ···················· 019

2007 年 6 月 2 日　　星期六 ······················ 025

2007 年 7 月 2 日　　星期一 ······················ 027

2007 年 7 月 3 日　　星期二 ······················ 029

2007 年 7 月 4 日　　星期三 ······················ 033

2007 年 7 月 5 日　　星期四 ······················ 046

2007 年 7 月 6 日　　星期五 ······················ 051

2007 年 7 月 7 日　　星期六 ······················ 058

2007 年 7 月 8 日　　星期日 ······················ 062

2007 年 7 月 9 日　　星期一 ······················ 064

2007 年 7 月 10 日　　星期二 ···················· 075

2007 年 7 月 11 日	星期三	……………………	082
2007 年 7 月 12 日	星期四	……………………	089
2007 年 7 月 13 日	星期五	……………………	094
2007 年 7 月 14 日	星期六	……………………	108
2007 年 7 月 15 日	星期日	……………………	127
2007 年 7 月 16 日	星期一	……………………	137
2007 年 7 月 17 日	星期二	……………………	144
2007 年 7 月 18 日	星期三	……………………	147
2007 年 7 月 19 日	星期四	……………………	149
2007 年 7 月 20 日	星期五	……………………	154
2007 年 7 月 21 日	星期六	……………………	158
2007 年 7 月 22 日	星期日	……………………	159
2007 年 7 月 23 日	星期一	……………………	167
2007 年 7 月 24 日	星期二	……………………	173
2007 年 7 月 25 日	星期三	……………………	179
2007 年 7 月 26 日	星期四	……………………	183
2007 年 7 月 27 日	星期五	……………………	189
2007 年 7 月 28 日	星期六	……………………	194
2007 年 7 月 29 日	星期日	……………………	198
2007 年 7 月 30 日	星期一	……………………	201

后　记……………………………………………… 205

引 子

  人生有很多偶然——在一个偶然的机会，我参加了俄罗斯圣彼得堡大学民族学考察队，在位于近北纬 70°的俄罗斯卡宁半岛，进行了为期一个月的民族调查工作。

  从地理学角度出发，将北极圈（北纬 66°34′）以北的广大区域，称作北极地区。如此说，我可以宣称自己去过北极，有过一次难得的人生历练。人的一生均是由许许多多的普通事件所组成的，但不可否认的是，总有一些难以忘怀的记忆。可以说北极的记忆更多是与艰苦、磨难联系在一起的。由于 7 月正值极地"白昼"期间，于是我在这个陌生的环境中过了近一个月没有黑夜的生活，体验了许多未曾感受过的艰辛：在冻土带上支起的帐篷里席地而卧，几个人挤在一起，连翻身都难；在前往实习"营地"的路上，船因故障被迫搁置在海中央的小岛上，我们随身带的食物都吃光了，只能采集岛上的生葱，就着不知何时过路行船留在岛上小屋中的面包干勉强果腹；为了采访到当地以驯鹿为生的涅涅茨人，我们追随着鹿队，从一个牧场转到另一个牧场，翻山涉水，一连要走十几个小时的路；冻土带上人迹罕至，我们常常沿着驯鹿群的踪迹寻觅，有时好不容易到了目的地，但涅涅茨人刚刚迁走，我们只能从留下的痕迹判断牧民离开的时间，或继续追赶，或原路返回营地；冻土带上没有很高的植物，面对中午短暂的炎热，小小的帐篷根本无法遮阳，里面很闷，我们只能在强烈的日照中读书、交谈，同时要应对铺天盖地般袭来的蚊子；最难对付的还是寒冷，特别是雨天，我们穿上厚厚的羽绒服躺在睡袋里常常会被冻醒……

人生能够承受多少艰辛？生命有着怎样的韧性？其实我们常常是弄不清楚的，我们更清楚的是生命的脆弱。在面对一个个未曾想过的困难时，我后悔过当初的选择。如果不是当时"无路可退"，也许我会"打道回府"。当然今天回过头来总结，很庆幸没有这种"退路"。其实无论是欢乐还是痛苦，时间都是短暂的。再大的欢乐往往只是一瞬间，再大的痛苦也终究会被时间洗刷掉。而且痛苦本身也是一把双刃剑，对强者来说，痛苦本身就是知识，就是一块磨刀石，可以使你的意志变得更坚强；对软弱者而言，痛苦也可以使他一蹶不振。所以对待痛苦虽不是一件容易的事，但还是要敢于正视它——这也许就是这次难得的北极之行给我的启示吧！

如今，北极考察过程中的伤痛早已淹没在城市上空污浊的空气里，相反，梦境里或出神时看到的北极是如此清新美丽，考察时的每一个细节都那样令人珍惜。是的，有过经历及连绵的回忆，才不觉得生命里留白，也不觉得这平凡的生活过分乏味。

我开始整理这段经历以及其中的回忆。一份痛苦由众多的人共同承受，痛苦就变得无足轻重；但快乐则属于每一个人。让我们随着民族学考察队走进俄罗斯，走进北极，走进涅涅茨人。

还是从决定北极之行那一天说起吧！

2006年11月16日　星期四

今天，来俄罗斯圣彼得堡大学做访问学者已经半个月了。按照学校的安排，今天第一次与导师见面。

我们这批教育部派来圣彼得堡大学的访问学者于11月2日即到了圣彼得堡。但由于办理落地签证、医疗保险等事宜，加之学校组织的俄语分级考试，两周后才被分派到各自所属的系室。根据专业，我到历史系民族学与人类学教研室报到。

我的导师瓦里安·亚历山大·克孜明（Козьмин Валериан Александрович）先生是教研室主任、历史学副博士，以研究西伯利亚民族志见长。在俄罗斯，民族学属于历史学科，莫斯科大学民族学教研室、圣彼得堡大学的民族学与人类学教研室均设在历史系，国家最权威的民族学研究机构——俄罗斯科学院米克卢霍—马克来民族学与人类学研究所附属于科学院历史学部。但在概念的使用上，圣彼得堡大学仍然延用 кафедра этнографии и антропологии（民族学人类学教研室），而莫斯科大学与科学院均将этнография 替换为 этнология，前者为 кафедра этнологии（民族学教研室），后者是 Институт этнологии и антропологии（民族学人类学研究所）。当我向导师请教这个问题时，他让我读了圣彼得堡大学民族学与人类学教研室网页上的一段说明：

"近年来在俄罗斯将研究民族及其文化、日常生活方式、传统与风俗习惯的学科不再称为 этнография，而是 этнология，前者逐字推敲该称为民族志（народоописание），这个词主要是19世纪和20世纪上半叶在我国使用；后者是民族学（народоведение），西方一些民族学派使用这个概念。圣彼得堡大学之所以仍然延用旧的称谓及自己的教学大纲，就是要继承本国的科学传统，这个传统最初正是在圣彼得堡奠定的。按照我们的理解，этнография在19世纪俄罗斯学术中既是对所研究民族的经验性描述，也是对其发展与相互关系的规律性的民族学理论探索。今天，этнография研究的对象是民族，其主要任务是研究民族的形成、分布、内部和外部的特点、地区性与全球化的相互关系等。"[1]

俄罗斯民族学发端于圣彼得堡，以上这段文字流露着圣彼得堡大学对于其学术地位的自豪感及延续传统的责任感。在俄罗斯，圣彼得堡人永远以自己的城市为傲，为自己是圣彼得堡人而骄傲。这不仅因为该城市曾经有200余年作为帝国之都的历史，更重要的是隐含其中的文化内涵。这座与威尼斯齐名的水城是在沼泽地上建起的，由40多个岛屿组成，70多条天然河流和运河迂回其间，粼粼碧水与典雅建筑相映成趣，古风古韵的大小桥梁宛若长虹卧波。昔日的帝都留下的俄罗斯古典建筑群和名胜古迹比比皆是，如彼得罗巴甫洛夫斯克要塞、冬宫与皇宫广场、夏花园与夏宫、海军总部大厦、圣伊萨克大教堂、十二月党人广场、斯莫尔尼宫等。涅瓦河哺育了灿烂辉煌的俄罗斯文化，使圣彼得堡成为著名的科学文化城。罗蒙诺索夫、门捷列夫、普希金、莱蒙托夫、果戈理、高尔基等许多杰出的科学家、文学家都在这里生活和工作过；城内拥有数百个科研机构、40余所高等院校、50多个博物馆，有"博物馆城"之誉。正是在这里建立了俄罗斯第一个人类学与民族学博物馆。该博物馆建于1878年，其前身是彼得大帝

---

[1] http://www.history.pu.ru/。

圣彼得堡——旭日东升

珍宝陈列馆，主要用于收藏彼得大帝搜集和别国赠送俄国的文物。后经俄国科学家、历史学家、考古学家和旅行家200余年的收集、整理、充实，该馆已扩展成为世界仅有的几大民族学与人类学博物馆之一，现藏文物数量已达85万件，范围几乎涵盖世界各地，内容涉及人类众多民族的历史、民俗、文化、宗教等。此外，圣彼得堡作为俄罗斯民族学发源地的地位还表现在，这里建立了第一个俄罗斯民族学博物馆（主要展示俄罗斯各民族文化），产生了俄罗斯第一个民族学研究中心——俄罗斯地理学会民族学分部，成立了俄罗斯第一个民族学专业人才培养中心——圣彼得堡大学地理学院民族学部，即后来的历史系民族学与人类学教研室。

今天的俄罗斯，在著名高校、科学院系统多设有民族学研究机构，其名称使用上并不统一。但由于俄罗斯科学院民族学人类学研究所的核心地位，所以 этнология 逐渐占了上风，如莫斯科大学历史系民族学教研室即是 кафедра этнологии。事实上，在俄罗斯（苏联）学界，早已习惯于把 этнография、этнология 看成同一词，两个概念长期并用。但 1929 年苏联的民族学会议决定放弃 этнология 而只用 этнография，并强调其与历史学的密切关系。20 世纪 30 年代末，苏联学者开始逐渐恢复关于民族学"较之历史学是具有特殊研究对象的科学"的观点❶。然而二战之后，由于加强了对民族学中"资产阶级理论"的批判，学者开始强调"与资产阶级学者相反，苏联研究人员把民族学看做历史科学的有机组成部分，看做历史学的一个分支"❷。同时也应该指出，正是在这个时期，苏联民族学开始向研究现实问题转变。至 20 世纪 80 年代，有关民族学学科性质的讨论逐渐增多。许多学者指出，只有当民族学不再仅仅被看做是历史学科时，它的应用功能才会充分显示出来。但直到今天，民族学从属于历史学科的现实并没有改变。至于 этнография、этнология 两个概念，虽然在使用上各有侧重，前者似乎更注重描述，但也强调其学科的理论价值；后者更突出其理论色彩（我国有学者将 этнология 译为"理论民族学"），但并列使用的情况仍然存在。如圣彼得堡大学社会学系课程表中的民族学课程即在 этнология 后以括号形式标明 этнография；莫斯科大学《民族学基础》(основы этнологии) 教科书在"前言"中明确指出，этнология 与西方的社会或文化人类学（социальная/культурная энтронология）的研究领域多是重合的。同时强调 этнология（该

---

❶ В.В. 斯特鲁韦：《苏联民族学及其前景》，载《苏联民族学》，1939 年第 2 期。
❷ С.П. 托尔斯托夫：《苏联民族学的基本任务和发展道路》，载《苏联科学院民族学研究所简报》，1950 年第 12 期。

词后用括号标明 этнография）不仅注重描述，也有复杂的目标和科学使命。翻开莫斯科大学《民族学基础》教学计划，其中除介绍民族学源流等学科基础理论外，重点内容是阐述世界民族的分类及各民族的起源、历史、文化等内容，其体例与旧时以 этнография 命名的民族学教科书差别不大。

在这里详细介绍一下圣彼得堡大学民族学的历史沿革及其教研室名称的用法问题，其实并没有偏离我要叙述的主题——接下来的考察恰恰是与这里的学科发展特色分不开的。也许正是传统的延续，在教研室的课程设置及研究人员的研究方向上都反映出两个特点：一是重视实地调查特别是民族学技能及方法训练；二是注重在实地调查基础上对民族文化的详细描述，即民族志。

下面是民族学与人类学教研室学生1—5年级课程表，从其中民族志及实践课所占的比重可以证明以上两个特点在教学环节的体现：

民族学与人类学教研室本科生课程表

年级	学期	课程名称
一年级	上学期	民族学概论、人类学概论
	下学期	东欧民族志、田野调查方法、图书分类学
二年级	上学期	西伯利亚民族志、西伯利亚民族学实践、澳大利亚和大洋洲民族志、民族社会学
	下学期	高加索民族志、中亚民族志、历史学、人类学研究方法、人类学研究方法实践
三年级	上学期	非洲民族志、民族工艺制作与技能、民族学研究中的统计分析方法
	下学期	美洲民族志、人类起源、民族博物馆学
四年级	上学期	亚洲民族志、本国史料研究、民俗学概论、地方民族志
	下学期	欧洲（俄罗斯之外）民族志、种族与种族学、国外史料研究、民族语言学概论
五年级	上学期	民族学当代问题、地方民族志、民族心理学
	下学期	考试、答辩

除此之外，民族学与人类学教研室还规定，学生在一、二、三年级的第二学期进行田野调查，并要在档案馆、博物馆实习。民族学教研室只有8位在职教师，长期外聘的教师则达13位，他们主要来自圣彼得堡人类学与民族学博物馆、俄罗斯民族学博物馆及图书馆等，这为学生的社会实践活动提供了很好的条件。我在圣彼得堡大学选修了中亚民族志、高加索民族志，两位任课老师均来自博物馆。他们就在博物馆的中亚民族陈列室上课，学生可以随时参观各种民族实物，课堂气氛非常轻松、随意，学生颇为受益。

为了继承传统、保持学科特色，近年来教研室更加注重对俄罗斯民族的研究，特别是俄罗斯西北部地区的民族学研究，每年都要在学生中举办以"俄罗斯西北地区民族学研究"为主题的学术研讨会，并发表了大量研究成果。

与导师的第一次会面，从导师的谈话及教学秘书有关教研室课程安排等事宜的讲解中，我对民族学与人类学教研室的特色有了一定的了解，并知道每年暑假学生都要出去实习，过去主要是到西伯利亚，这几年则以俄罗斯西北地区为主。2007年的实习地点是俄罗斯欧洲部分的最北端——北极地区的卡宁半岛。

我决定申请参加今年的实习活动。

2006年11月24日　星期五

　　今天是导师接待日。我向导师谈了想参加实习的想法。导师面露难色，表示外国的访问学者参加此项活动尚无前例，但并未拒绝，并答应帮忙。我又与负责学生实习事宜的青年教师谢苗诺夫·伊高力·弗拉基米罗维奇（Семенов Игорь Владимирович）谈及此事，他说虽然尚没有留学生参与实习，但曾有外国学者参加此项活动，况且这次活动本身也是国际性的，除俄罗斯的教师、学生外，还有独联体学者参与。他告诉我，这次实习以北极学术考察形式开展。如果我要参加考察队，则不能与俄罗斯队员一样享受项目经费（他们为此次实习争取了一笔资金），要自己掏腰包。我说没有问题。于是他同意替我申请，并告诉我如果获准则从明年2月起参加实习前的一系列培训工作。

2007年2月26日 星期一

收到伊高力的通知，告诉我参加北极考察的申请已经获准。

今天是实习前的第一次集会，由伊高力主持。他主要介绍实习计划，包括实习前的资料准备、讨论、培训及考察的线路、目的等，并放映了以往学者、学生的考察录像。考察需要的资料、书籍都制作成电子版，要求队员拷贝后认真阅读，其中包括19世纪、20世纪及21世纪初的有关所调查区域的地理、民族的调查研究资料。这次集会让我对本次考察有了新的认识。当初我只是想通过这次活动了解一下俄罗斯民族学专业教学工作的一些基本情况，并借这个难得的机会体验一下北极的风光。但伊高力的讲话让我知道，作为考察队成员要阅读许多资料，并接受实习前的各种训练。这让我感慨颇深。民族学专业学生的一项重要训练就是田野考察，学生正是通过此项工作，将理论学习用于实际研究，从而提高专业素养。可以说田野考察是民族学的"看家"本领，是民族学区别于其他学科的特有研究方法。作为中央民族大学民族学与社会学学院的教师，我曾经多次带队实习，但从来没有花费如此大的心力组织学生做好实习前的"预习"。我们的实习通常安排在大学三年级最后一个学期期末考试后进行，这期间学生要准备考试，还要应对四、六级英语"过级"，很少将心思放在实习前的资料准备上。各类考试结束后匆匆上路，对实习中的困难估计不足，有的学生甚至抱着旅游的想法走马观花。一些学生要准备下一年的研究生考试，要参加英语、政治理论等应试班，根本无法在田野中久留。似乎我们的学生常常被一个个特别现实的问题所困扰，正常的学习反倒要为其他事情"让路"。圣彼得堡的经验是值得我们借鉴的。考虑到民族学专业的特殊性，设置一个负责实习工作的专职教师是非常重要的。我们虽开设民族学调查方法课，但往往是通识性的，缺少针对所实习区域进行专门讲述。如果我们能在实习前给学生有针对性地开设实习课，组织学生阅读相关资料，使他们在熟悉实习地点基本情况的基础上讨论可能遇到的问题，制订考察计划和访谈提纲——这无疑有助于实习工作的规范性，对提高学生的专业技能是大有裨益的。

此次参加北极考察的人员包括：圣彼得堡大学历史系民族学与人类学教研室二年级本科生 Сергеева Полина Владимировна（芭莉娜）、Хапаев

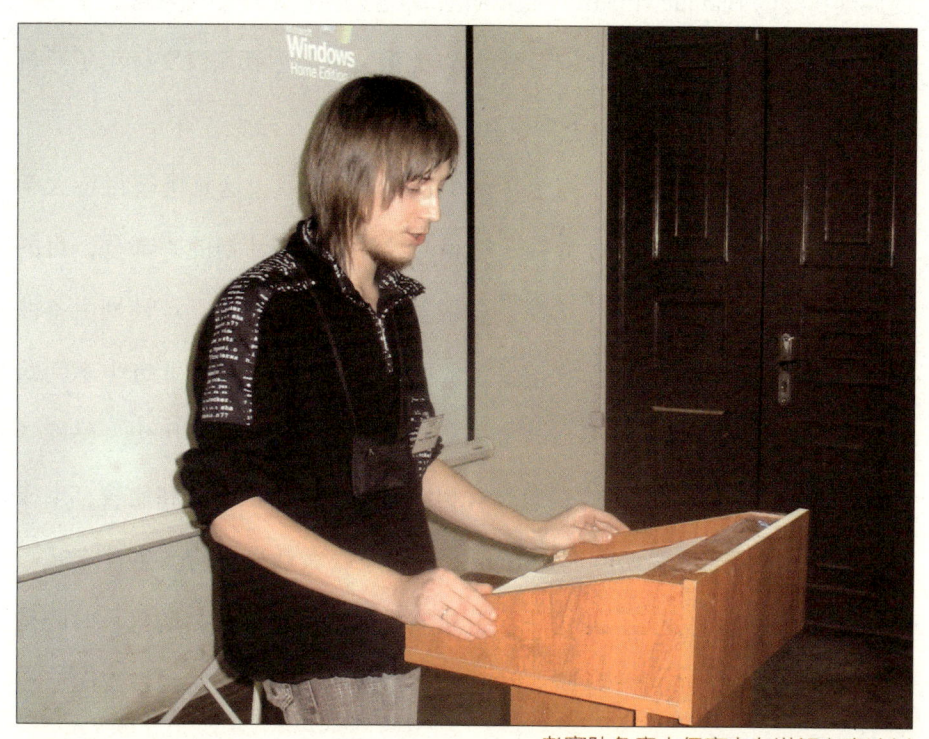

考察队负责人伊高力在讲解考察计划

Дмитрий Михайлович（吉马）、Мазин Александр Николаевич（萨沙），三年级本科生 Анохина Марина Андреевна（玛莉娜），一年级研究生 Весе-ловская Ольга Владимировна（奥莉佳）；历史系西欧与俄罗斯艺术史教研室三年级研究生 Бильдюг Арина Борисовна（阿莉娜）；摄影记者系本科生 Дьякова Елена Васильевна（叶莲娜）；民族学与人类学教研室助教 Киселев Станислав Борисович（斯达尼斯拉夫）、Семенов Игорь Владимирович（伊高力）；圣彼得堡大学地理学科学研究所社会地理与地方政治实验室主任 Клоков Константин Борисович（康斯坦丁）；俄罗斯民族学博物馆的研究生 Сенько Роман Иванович（罗曼）。此外还有两个拉脱维亚学者：陶格夫匹尔斯（Даугавпилс）生物分类研究所的 Дигна Пилате（吉格娜）、高亚（Гауя）民族动物园的 Валдис Пилатс（瓦尔第斯）。他们两位都是生物学家，不参加培训，届时将与我们同赴北极考察。（以上俄文全名后都用汉文标出了考察时队员彼此之间的称谓，以下均以此称之。）

　　此次实习被列入"卡宁冻土带的极地考察"项目，这是圣彼得堡大学"欧洲北部游牧居民的北极考察——80年之后"研究计划的一部分，目的地是位于北极圈以北的卡宁半岛，属俄罗斯涅涅茨自治区。该计划由圣彼得堡大学、俄罗斯民族学博物馆及俄罗斯科学院乌拉尔分部北方生态问题研究所联合制订，其研究基础建立在1926—1927年俄罗斯历史、民族学者北极考察基础上，目的是通过对相同选项的问卷、描述和比较，来探索经过80年后，俄罗斯欧洲部分北方游牧民族在社会结构、生计方式、经济生活等方面的变迁，并进一步分析其发展前景。该计划的执行时间是2006—2009年。2006年暑期，以民族学教研室师生为核心的考察队已经进行了第一阶段的考察。

2007年3月16日　星期五

今天，集会仍然由伊高力主持，他将是这次考察的总领队。他作了题为"在冻土带田野工作的特点"的报告，对考察中可能出现的困难、问题进行了详细描述，之后组织我们观看了在极端条件下求生方法的影像资料。

我们开始在伊高力的组织下通过地图、图片等熟悉调查地的基本情况，并讨论、制订了考察的基本路线、时间安排和交通工具。

考察计划

时　间	活　动　内　容
2007.7.5	乘火车从圣彼得堡出发
2007.7.6	抵达阿尔汗格尔斯克，配备物资
2007.7.7	乘"阿尔汗格尔斯克"号科学考察船从阿尔汗格尔斯克出发
2007.7.8	抵达卡宁半岛的布格俩尼查（Бугряница）河口，下船
2007.7.9	步行2~3公里到宿营地，搭建帐篷，准备"安营扎寨"
2007.7.10	考察前准备
2007.7.11-7.29	田野考察
2007.7.30	考察结束，进行总结
2007.7.31	返程准备
2007.8.1	乘"阿尔汗格尔斯克"号科学考察船向阿尔汗格尔斯克出发
2007.8.3	抵达阿尔汗格尔斯克
2007.8.4	乘坐列车从阿尔汗格尔斯克出发
2007.8.5	抵达圣彼得堡

2007年3月24日　星期六

今天天高气爽，阳光普照！零上6℃，是个晴好的日子——圣彼得堡位于北纬60°的波罗的海沿岸，人们津津乐道于这个城市的"白昼"奇观，但却忽略了她的另一面。一入冬季，圣彼得堡昼短夜长，特别是11、12、1月，下午三四点钟就有"傍晚"的感觉，而且经常下雨、下雪，很少见到晴天。有时给国内的朋友打电话，我会说："你能想到吗？阳光对我来说是奢侈品。"所以像今天这样的天气是会带给人好心情的。而最重要的，今天是我的丈夫——沙平的生日。打一个祝福和问候的电话回家，心里漫过浓浓的思念……

今天的集会主要由康斯坦丁教授做报告——"1926—1927年在欧洲北部北极地带的田野考察：历史与方法论"。

康斯坦丁教授是一位较有名气的地理学家，毕业于莫斯科大学地理系，今年已经55岁了，是队员里年龄最大的一位。他的研究兴趣广泛，包括北方自然资源的应用、北方驯鹿业与渔猎经济、北方土著小民族的现代化问题等。他长期在俄罗斯北部从事实地考察，足迹踏遍克拉斯诺达尔边疆区的土鲁汉斯克州、亚马尔—涅涅茨自治区、汉特—曼西自治区等地，出版的学术成果有90余部，包括《当代埃文基人（在中国称鄂温克族）居民及其民族经济地区自然资源的利用》[1]、《俄罗斯北部的驯鹿业与驯鹿民族》[2]

---

[1] 该文载《民族地理学与民族生态学研究》，1998年第4期。
[2] 圣彼得堡大学地理学科学研究所，2001年。

等。他所在的圣彼得堡大学地理学科学研究所社会地理与地方政治实验室很关注民族问题特别是俄罗斯北方民族研究，所以他这次也报名参加了考察队。他在讲述时格外强调，1926—1927年的北极考察搜集了大量田野资料，对于了解苏联集体化之前北极地区民族的驯鹿生计方式有十分重要的价值。如今已经过去80年了，北极驯鹿民族文化发生了变迁。这次考察就是要去了解这种变迁，所以准备的问卷基本上还是参照当时的问题制订的，以利于进行横向比较。

这些问题主要包括以下内容：

第一部分是综论，主要是被访者的基本情况，包括使用语言、出生地、教育背景、职业、收入、民族属性等。最后一项有一个重要说明：由于目前俄罗斯已经取消了护照上的"民族"一栏，而在卡宁半岛生活的民族如涅涅茨人、科米人等由于族际通婚及民族分支、迁移等因素的影响，对"民族"这个概念的认识有自己的理解。这次调查也希望能够对这种变化有进一步认识。

第二部分具体针对驯鹿业，分11个方面提出问题：

1. 组织形式：生产组织的形成过程、经济核算、领导选举、鹿群所属、女性在组织中的地位、成员的年龄段及相应的择偶标准、如何对待长者的技术、如何传承传统。

2. 游牧路线：绘制游牧路线图并描述游牧路线的历史变化、对外接触等。

3. 牧场：不同季节选择牧场的特点、近10年牧场的变化、气候条件对牧场的影响、外界（包括火灾或工业开发）对牧场的影响、放牧对牧场的影响、不同民族选择牧场的不同特点、是否存在固定牧场（围绕此问题是否存在冲突)、如何表现牧民在牧场上的权利、牧场使用是否有传统规则(标明近10年是否有变化)、哪些地方不能放牧或居住(标明原因)、是否因牧场与其他人员或行业(如建筑、开发)等发生冲突。

4. 牲畜数量及畜产品：鹿群数量及结构(年龄、性别)、出生率、死亡率(去年与今年比较)、死亡原因、如何避免鹿群数量自然减少、杀鹿的目的(食用、制衣、祭祀)、如何利用畜产品(卖、送人)、近年如何改变产品销售条件。

5. 牧人：对民族游牧传统的了解、优秀牧人的标准(管理鹿群者的典范，了解如何利用牧场及鹿群的最佳规模等)、牧人拥有牧狗的数量、用于交通的驯鹿数量、不同季节放牧的特点、鹿群的防病措施及防蚊虫叮咬措施、怎样寻找失鹿、互助传统(丢失鹿能否得到赠鹿、什么样的传统保留至今)。

6. 转场：转场秩序及责任分工、在各种条件下选择驻地的规则(这些规则是否已经失效或即将被破坏)。

7. 技术设备：技术工具的使用、新技术设备带来的收获、有多少武器、拥有技术产品的种类(包括生产技术产品及电器、收录机、手机、药箱等)、新旧设备比较。

8. 传统用品：传统用品(雪橇、独木舟等)的数量及来源(自己制造或购买、产地)、传统艺人状况(年龄、住处，是否向年轻人传授技艺)、传统用品是否使用现代材料或技术、牧人有什么样的设备用于捕鱼或狩猎。

9. 传统服装：牧人平常穿什么样的衣服(不同季节)、不同服装各在什么场合穿用、有没有牧民穿传统服装去镇上、鹿皮除制作衣服外是否还用于制作其他饰品、谁来制作传统服装、是否存在专职传统服装制作者(年龄、技能）、是否能够买到传统饰品、是否举办过传统工艺品的展览或竞赛。

10. 建筑：游牧营地帐篷的规格、分布在冻土带或村庄中的固定住所修建的时间及设置、不同物品摆放的位置、仓库的位置。

11. 信息及社会交往：出门（到镇上或其他什么地方）的时间及原因（1年内）、是否有亲属在冻土带以外（镇上、城市、军队、监狱）生活居住、是否常有客人来探望（时间、目的，带来或带走什么礼品）、与外界联系方式（信、电话或托人捎信）、是否听广播或读报、在传统生活中是否有休闲（休假）的概念、在不同场合使用什么语言（俄语、民族语）进行交流。

2007年3月29日、4月24日、5月3日

这三次集会除继续讨论与准备问卷、资料外，主要是技能培训，包括小型发电机、对讲机的使用及在北极摄像、录音、照相中应该注意的问题等。最主要的是医学指导。这次与我们同行的萨沙是民族学与人类学教研室二年级学生，看上去年龄可能近40岁了。读书前他学过医，并且有在医院工作的经验。他这次既是考察队队员，也是随队医生，并且要负责行前医学培训。他讲解了应对各种常见疾病、突发症状的措施，对于考察中可能遇到的问题，如蚊蝇叮咬、意外受伤等，他则以实例、图片等方式进行说明。他说，要让我们在最短的时间内成为自我保护、疾病防治的专家。这当然只是一句玩笑或是美好的祝福。但伊高力强调，由于我们的考察点条件艰苦，所以对于每一个考察队员来讲，必要的医学防护知识是必备的。

斯达尼斯拉夫在为考察队员讲述小型发电机的使用方法

2007 年 5 月 12 日　星期六

今天是考察前的一次"实战演习"。

"演习"前,考察队秘书、历史系西欧与俄罗斯艺术史教研室三年级研究生阿莉娜给我写了一封信:

丁宏:

我们于 12 日 8:20 在(圣彼得堡)芬兰火车站集合,乘车前往普里奥焦尔斯克方向。我们将兵分两路向宿营地汇合,并在那里安营扎寨。

我们已经准备好野餐的食品,你只需随身带一些小食品路上充饥即可。

晚饭我们将煮荞麦粥,并有罐头、面包、糖、茶。

由于我们要步行 10～15 公里,所以要穿一双轻便些的鞋。最好带一双高腰靴以备用。白天可能有雨,所以要带上防雨的夹克或雨衣。宿营地有蚊虫,一定要戴帽子或围巾。

必备的装备包括背包、睡袋、帐篷、毯子。帐篷由吉马帮你准备,毯子由我来带。你自己要带上饭盒儿、杯子、勺子及手电筒。

我们将于星期天早上返回。

若有事速与我联系。

阿莉娜

我们如约在火车站集合,坐了约两个小时的火车抵达圣彼得堡城外,分成两个小组,在相距约 15 公里的地方分别下车,各自向森林深处去寻找有饮用水、可以安营扎寨的地方,然后通过对讲机取得联系,最后两个组汇集到一起。这种训练主要培养考察队成员寻找目标的能力及在艰难条件下的生存能力。在后来的考察中，发现这样的训练是非常有意义的。

我所在小组的组长是青年教师斯达尼斯拉夫。他带领小组成员穿过一个小镇之后，走进森林。队员中没有一个人熟悉路线，只是借助于地图、通过步话机向另一个小组的方向靠拢，同时寻找合适的宿营地。大约走了7个多小时，直到下午5点，才与另外一个小组汇合。我们选定的露宿地在森林深处一块相对平坦的地方，附近有一个淡水湖，有几棵枯倒的大树——既可以坐在上面休息，其枝丫又恰好可以用来生火。我们开始"建营"：男生架起帐篷，支起炉灶，点燃篝火；女生去湖里取水，烧水煮饭。我们吃饭时，已经是晚上8点。

考察队员在研究行进路线

铺路过河

　　晚饭前照例要喝酒。俄罗斯人以好酒著称，而且俄罗斯人喝酒时特别善讲祝酒词：祝愿相会，祝愿健康，祝愿孩子，祝愿和平，祝愿友谊，一套接一套的，而且任何一个在场者都要讲，似乎每个人都能讲出许多美妙的话语，所以与俄罗斯人吃饭的时间一般都很长。这次参加"演习"的队员多是第一次在一起聚餐，大家谈得最多的是我们将要赴北极的兴奋及将要遇到的困难。我拿出了中国的绿茶请大家品尝。俄罗斯人饮茶的历史虽不算太长，一般认为茶是在17世纪由中国引入俄罗斯的，所以俄语中"茶"（чай）这个词即源于汉语。但茶在俄罗斯民族文化中却占有重要位置。俄国人不但喜欢饮茶，而且逐步创造并拥有了自己独特的茶文化。从饮茶形式上来看，中国人饮茶一向是香茗一杯，细品慢饮；而俄国人喝茶，则伴以大盘小碟的蛋糕、烤饼、馅饼、甜面包、饼干、糖块、果酱、蜂蜜等"茶点"。俄罗斯人喜欢喝红茶，对绿茶的认识，还是近几十年内的事。近年来，在俄罗斯大大小小的超市以及各大商场里，都专门设立了茶叶专柜。顾客在这里不仅可以买到来自中国、日本的各类绿茶，而且还可以买到饮茶用的各类茶具和介绍书籍。老百姓还是喜爱喝红茶，而且喜欢在茶中加糖、柠檬片，有时也加牛奶。因而，在俄罗斯的茶文化中糖和茶密不可分，人们用 Спасибо за чай-сахар（直译"谢谢糖茶"）来表示对主人热情款待的谢意。俄罗斯人重视饮茶，也就常常赋予饮茶以更多的文化内涵，从而使俄语里的"茶"一词有了更多的意义。俄罗斯人常以 пригласить (звать) на чай(на чашку чая)（请来喝杯茶）向友人发出热情的邀请，同时也是向对方表示友好诚意的一种最佳方式。另外，旧时俄国人有喝茶给小费的习惯，俄语里称之为"давать на чай"（茶费），后来俄语这一表达方式转义表示

搭建营地

指在任何场合的"付小费"。

我的茶叶受到大家的欢迎。只是他们在喝茶时，都往杯子里加了糖——中国人品茶就是要"品"出茶叶的清香，绿茶中加糖，自然是另一番滋味。

差不多半夜11点时，我有些支撑不住了。但他们还聊兴正浓，我也不好打断，就一个人先回到帐篷休息。虽然已是5月，但夜晚的森林中仍然寒冷，薄薄的睡袋根本无法御寒。最难以忍受的是潮湿的地气。我将羽绒服垫在身下，但还是没有一丝暖意。这一夜我没睡，其他队员则整夜在篝火边唱着，笑着，跳着。在与俄罗斯人交往中，总能感觉到他们身上那种旺盛的精力。我们在圣彼得堡大学的宿舍中住着一些俄罗斯人，他们经常会聚在一起喝酒、聊天、跳舞，整夜不睡，但第二天仍然早早就去上课，没有一点儿疲惫的样子。这次"演习"也能感觉到他们充沛的精力——走了

篝火夜话

7个小时的路，之后就是组建营地，烧火做饭，但他们仍然通宵畅饮。要知道他们可不都是年轻人，其中的一位教师已经 50 岁开外，但这似乎并不影响其快乐的天性。

早晨，森林中的空气湿冷而清新。我们到湖边梳洗，取水做饭。早餐是速食粥。吃过早餐后我们便乘早班火车返回圣彼得堡。

这次"演习"之后，我才对北极考察的困难有了更清楚的认识：我们要去的地方没有电；没有接待单位；没有交通工具；要住帐篷（而且帐篷是搭在冻土带上）；要自己在山上烧火做饭……也许正是很多东西没有经历过，我倒是心怀向往……

候车的时候，考察队员以做游戏的方式御寒

2007年6月2日　星期六

今天伊高力紧急组织会议，通知说由于白海7月初风大浪高，考察时间改为6月18日—7月30日。

临时改变计划，这让我对于前去考察开始动摇。4月份就已经为丈夫办好了来俄探亲的邀请，如今签证也下来了，并预订了往返机票，时间是6月14日—7月4日。这个时间也是根据我去考察的日子确定的，我也不想因为计划的变动让他改变甚至取消来俄的计划。我们已经无数次在电话中谈到要在夏至一起在圣彼得堡看"白夜"景色，观赏那向往已久的涅瓦河上的"开桥"壮观。我收集了许多相关图片资料，并在网上聊天时发给他。他已经准备很久了，我也期盼很久了。我不能让彼此失望！

我去找了导师，与他谈了这件事。他说你可按自己的意愿办。考察就一次，丈夫可是一辈子的事。

其实我并没有弄懂导师的意思。是为一辈子可以不在乎一时呢，还是一辈子比一时重要？我一直认为自己对于事业与生活关系问题上的选择是将生活放在第一位的，其实这个关系并不矛盾。在我们这个社会里，一个人完全属于家庭或完全属于事业都会感受到生活的单调，只有把二者结合在一起，才不会失掉自我，也不会被"事业"左右。你可能家庭、工作都不是十分如意，但当你看到自己既为家庭、又为工作奔波的时候，你觉得自己是个被需要的人，最起码你有一个所归属的单位，又有一个属于自己的家庭，归属感和所属感同时得到满足，这样你才会坦然，也就不太去计较某些外在的东西了。

在去与不去之间，我犹豫了。我仍然清楚记得"演习"时野外留宿的寒冷，这种寒冷的记忆被我无形夸大了，成为我逃避的理由。

我分别给我的丈夫和任国英——我们是研究生毕业同时留校任教的同事，又曾经在圣彼得堡大学"共患难"半年，现在她已回京——打了电话。丈夫的回答很干脆：不要错过机会，一定要去考察！我来圣彼得堡旅游可以另行安排；国英的态度充满担忧：你以为你还年轻吗？其实他们都是了解我的人。丈夫知道我若不去考察会终生遗憾；国英则认定我决定的事情不会轻易改变！

但考察队的队长伊高力仍然希望我能够参加考察。他给我打来了电话，并告诉我考察的第二种方案，即组织第二小组，在第一小组出发后两周，也就是7月2日出发。他希望我考虑这个方案，并解释说他也试图把出发的时间定在我丈夫离开圣彼得堡之后。但我要乘坐的飞机一周只有一次，如果7月5日出发就来不及了，必须7月2日从圣彼得堡出发。

我接受了这个唯一两全其美的方案。

2007年7月2日　星期一

　　按计划，第一小组10人已于6月18日出发。他们坐火车从圣彼得堡直达阿尔汗格尔斯克，然后乘"阿尔汗格尔斯克"号科学考察船直达考察地点。伊高力从阿尔汗格尔斯克打来电话说，由于风大浪高，他们在那里耽搁了3天才得以成行。后来就再没有他们的消息——进入卡宁半岛，特别是

第一组考察队员乘"阿尔汗格尔斯克"号考察船向卡宁半岛进发

到了考察营地，就不能使用手机。

我们按当初的安排今天出发。晚8:40，我们登上了由圣彼得堡开往沃洛格达的火车。我们的行程是圣彼得堡——→沃洛格达——→阿尔汗格尔斯克——→卡宁半岛。其实我们是可以直接抵达阿尔汗格尔斯克的，但伊高力建议，沃洛格达是俄罗斯著名的古城，既然路过，不下去看看实在可惜。于是我们决定在沃洛格达停留几个小时。

我们一行共4人：考察队秘书阿莉娜及拉脱维亚的生物学家瓦尔第斯、吉格娜夫妇。

2007 年 7 月 3 日　星期二

　　早晨 9:10，列车到达沃洛格达（Вологда）。

　　沃洛格达是俄罗斯沃洛格达州首府，位于俄罗斯欧洲部分北部，1147 年建城，已有 850 年的历史。我们在城市中心区，看到了为庆祝建城 850 周年而修饰的草坪，上面写着 1147 — 2007。

时值沃洛格达建城 850 周年（1147 — 2007），市中心区有为此而修饰的草坪

俄罗斯历史并不久远。从882年基辅大公建立俄罗斯第一个国家——基辅罗斯，至今不过1000余年历史。俄罗斯最著名的城市，如莫斯科至今建城约850年，圣彼得堡只有300余年的历史（2003年举办了隆重的圣彼得堡建城300周年庆祝大典）。我曾经在圣彼得堡大学参加过一个旅游团赴古罗斯国家的发祥地——诺夫哥罗德（Великий Новгород）参观，这是俄罗斯一个最古老的城市，建城于859年。听着导游津津乐道该城的古老与传统时，我更深切地感受到：中国真正是一个具有悠久历史的国家。

沃洛达格在15—17世纪即为贸易中心。如今这里是俄罗斯北方最大的宗教中心，保存有大批古老的建筑。像俄罗斯许多城市一样，沃洛格达的名胜古迹也以宗教建筑、城堡为主，从中能够读到宗教、战争在俄罗斯历史上的重要位置。自公元9世纪60年代，拜占庭基督教（即东正教）进入古罗斯地区，到公元988年正式将东正教确立为国教，从此东正教与俄罗斯历史发生了密切关系。东正教给俄罗斯带来了文字、绘画、建筑艺术和音乐。即使经过苏联70余年对宗教的限制与摧残，但我们今天所感受到的俄罗斯仍然带有浓郁的宗教色彩。沃洛格达最著名的景点是索菲亚大教堂（Софийский Собор）。作为沃洛格达的瑰宝，索菲亚大教堂是16世纪俄罗斯城市建筑的杰作，由沙皇伊凡雷帝（1530—1584）下令建造，于1570年建成，是保存至今最古老的第一座石砌教堂。它气势庄严、雄伟，通体皆白，上有5个银灰色的葱头圆顶。教堂内的壁画为彩色的，教堂西南的大钟楼保存着许多17世纪的古钟。

我们还参观了救世主—普里鲁茨基修道院（Спасо-Прилуцкий Монастырь）。这是古俄罗斯北部最大的修道院之一，始建于14世纪。它是俄罗斯古典艺术的伟大杰作，沙皇和许多王公都曾来此朝圣。修道院允许游

河对面的索菲亚大教堂是沃洛格达最著名的景点

人免费参观，但要求女性参观者要套上黑裙子并用头巾包住头。我们按照规定在入口处领了裙子及头巾，穿戴好后即开始参观。俄罗斯修道院之多、建筑之精湛给许多游人留下了难忘印象。一些大的修道院往往是一个建筑群，包括若干座富有艺术性的教堂、修道士小道堂、著名人物的陵墓等。俄罗斯修道院在东正教成为国教后不久就开始建立。其早期修道院中高级人员大多出身贵族。有的大贵族晚年隐居于修道院，但仍过着奢华的生活。沙皇和大贵族有时为了避免纷扰，也到修道院小住。历史上俄罗斯许多修道院占有大量土地，甚至兼营手工业和商业。今天我们参观的救世主—普里鲁茨基修道院规模也很大，甚至有一片田地，地里的蔬菜基本上能够满足院里人员的饮食需要。

救世主—普里鲁茨基修道院是古俄罗斯北部最大的修道院之一。今天这里仍然是著名的宗教圣地。修道院中的绿地上种着蔬菜，基本上能够满足院里人员的需要

参观完修道院，已经是下午4点了。我们急急忙忙赶到火车站，乘晚上6:29的火车前往下一个目标——阿尔汗格尔斯克。

2007年7月4日 星期三

早晨 6:25，到达阿尔汗格尔斯克（Архагельск）。

阿尔汗格尔斯克位于白海南岸，历史上是俄罗斯的一个重要海港，建成于 16 世纪，市名源于该地一个古老的修道院，意为"大天使城"。直到 18 世纪圣彼得堡建城以前，这里是俄国唯一的出海口。其地位虽因圣彼得堡开埠而有所下降，但 19 世纪连接莫斯科的铁路建成后，这里成为木材出

第二组考察队员在阿尔汗格尔斯克。自左至右：阿莉娜、瓦尔第斯、吉格娜、丁宏

口中心，是俄罗斯最大的木材出口港。

俄罗斯科学院乌拉尔分部北方生态问题研究所的大卫多夫（А. Н. Да-выдов）来接站。该研究所是此次考察计划的制订者之一，并负责联系考察队在阿尔汗格尔斯克的所有事宜。大卫多夫是研究所自然环境保护与文化生态学实验室主任，近50岁，身高1.90米。他主要从事民族学、民族生态学研究，并在古钟鉴定方面颇有造诣，曾多次在俄罗斯北部民族地区从事田野工作。在这遥远的地方遇到同行，自然欣喜。大卫多夫也表示很愿意与中国民族学者交流。但由于急于赶赴机场，我们约好等到从卡宁返回时再谈。

我们乘大卫多夫的车抵达机场。

机场人不多。我们买了机票后即到候机室等候。应该是9:30起飞，但广播不断变换着起飞时间。一位候机者告诉我们，这里班机晚点很正常，气候、乘客可能都是班机晚点的理由。

这时过来一位样子很像东方人的女性。在阿尔汗格尔斯克，我从火车站到飞机场，没有见到过一个东方人的面孔。所以她在注意我的同时，我也开始注意她。她问我是不是中国人，我说是。她说这就对了。原来，她是一位涅涅茨人，家就住在卡宁半岛。她与儿子生活在阿尔汗格尔斯克，但父母及兄妹均是卡宁冻土带的牧民。她要托我们给他家带封信。朋友告诉她有考察队将从阿尔汗格尔斯克出发去卡宁，其中有一个中国人，于是我就成了她寻找的"标志"。她儿子是一位当地小报的记者，要对我们这次考察进行采访，对我的到来尤其感兴趣——他说他看过中国的武打片，特别喜欢中国武术。这是他第一次和中国人接触，觉得我长得与涅涅茨人很接近。涅涅茨人最早生活在南西伯利亚，根据俄罗斯民族学者的观点，涅涅茨人具有乌拉尔人种特点。乌拉尔人种类型乃是蒙古人种群体同欧罗巴人种群体经过长期的不断融合而形成的。但从我对涅涅茨人的初步印象看，与高鼻深目的俄罗斯人相比，涅涅茨人的蒙古人种特征还是非常明显的。

快12点时，广播通知准备登机。

飞机很小，除了驾驶员及副驾驶之外，只有8位乘客（最多能坐12人）。据同行者说，我们今天还是幸运的，有时要在机场等上一天还不一定能够成行。

这是我坐过的最小的，也是最颠簸的飞机。整个飞行过程都像在低空盘旋，噪音很大，地面上的一切尽收眼底。

我们登上了前往卡宁半岛的飞机

前往卡宁半岛的飞机最多只能乘坐12人，大家对面围坐，而驾驶员的机舱与客舱只有一门之隔

飞机降落在绍伊纳小镇的沙地上，没有机场，更没有海关检查，我们下了飞机，就直接赶往镇政府

两个多小时后，我们到了卡宁半岛的绍伊纳（Шойна）。这是一个小镇。虽然是海边，但四周灰蒙蒙的，沙土弥漫。地面沙化很严重，全是沙土路，走起来非常吃力。从机场到镇政府约1公里，向导谢尔盖在前面疾步走着，我们在后面吃力地跟着。一会儿我就被落在后面。向导走过来，轻松地背起我笨重的行李又快步行走。我不好意思再拖后腿，于是拼命追赶。

　　镇政府附近的路都是用木板搭建起来的，离地面约1米。周围民宅及商店也都建成了这样的"路"，彼此相连，走在上面比走在沙土上方便多了，也干净多了。

在绍伊纳这个北极小镇，由于地面沙化严重，人们常走的"路"是用木板搭建起来的

我们四人被安排在一个只有三张床的房间。带我们来的人离开前说了一句："你们看着安排吧。"

仅有的一位男士很绅士地选择住地铺。

按照计划，我们将从绍伊纳坐船到考察队营地与"大部队"汇合。具体什么时候离开，要看天气情况。在等候的过程中，我们主要通过走访形式了解当地情况。

绍伊纳镇只有300余人，主要是俄罗斯人与涅涅茨人，以俄罗斯人居多。镇上最醒目的标志是为渔民导航的灯塔，其次是一座纪念碑，上面记录着苏联卫国战争期间牺牲的当地36位英雄的名字，有俄罗斯人，也有涅涅茨人。纪念碑上的花篮是新献的，表达着当地人对二战英雄的永久怀念。第二次世界大战中苏联人民为世界的和平发展做出了最杰出的贡献，也向全世界证明了苏维埃联盟的伟大力量。苏联各民族都参与了这场战争，无论是前线还是后方，都有各民族的积极奉献与牺牲。直到今天，纪念二战仍然是激发人民爱国情感、动员人民参与社会的最有效的方式。无论是在俄罗斯，还是独联体各国，各地的纪念馆、纪念碑及永不熄灭的火焰——长明火都在展示战争的惨烈和人民的力量。但我没有想到的是，在这个仅有300余人的北极边远小镇，二战英雄纪念碑仍然是人民心目中的"圣地"。

我们先去了镇政府。虽然时间还早，但那里已经没有工作人员了。我们想了解当地基本情况，有人告诉我们，商店的售货员退休前在镇上工作，比较清楚。但商店下午4点才开门，于是我们在门口等。镇上几乎见不到人，大约4点半，售货员来了。她笑着与我们打招呼，开了门让我们进去。售货员已经在这里生活了60多年。她说这里原来主要是涅涅茨人，苏

2007年7月4日 星期三

绍伊纳镇政府所在地

这是我们在绍伊纳镇的留宿地

039

联时有俄罗斯人从各地迁来，并逐渐占了多数。一位来买东西的老人主动告诉我们，苏联时期绍伊纳有 800 多人。当时这里是海运客运站，建有渔产品加工厂、砖厂，当地居民收入不错。后来这些厂子被关闭了，绍伊纳被认为是没有前途的镇，主要原因是建设工厂时破坏了自然环境，导致沿岸土地沙化。工厂停工了，许多人也迁走了，剩下的多是老人和孩子。年轻人少了而生活更困难，镇上没有自来水，打水用辘轳，而且水井距离居民家很远，特别不方便。他说特别怀念苏联时期，那时候人们尊敬老人，现在年轻人都去顾自己了，老年人很孤独，而且退休金也不高，生活水平下降了很多。

在俄罗斯，处处都能看到二战纪念碑，这构成了俄罗斯现代文化的一道悲怆而又充满英雄主义情结的风景。即使在这个遥远的北极小镇，人们仍然会纪念为祖国而阵亡的烈士，不忘为他们的纪念碑献上花环

在与俄罗斯人的交往过程中，会发现许多人留恋过去的生活，特别是老人。他们留恋过去的光荣和平静安逸的生活环境及社会对他们的尊敬。他们积极参加十月革命节（现已改为和谐和解日）、五一劳动节、卫国战争胜利日（5月9日）等纪念活动，胸前挂上奖章和勋章，尽情享受难得的表现自我的机会。在同他们的交往中，对过去的回忆是交谈的主题。由于俄罗斯年轻人对过去并不是十分感兴趣，所以他们有时候会觉得与中国人交流更有共同语言。他们无意中讲述的历史和经历，对我们而言是那样熟悉和自然。苏联曾是中国人民的"老大哥"，无论历史上发生了什么，但那段难忘的情谊却印刻在许多人脑海中，是一笔记忆的财富。在中国一些城市，今天也有以"伏尔加"或俄罗斯某个地名命名的餐馆，会邀请俄罗斯人在那里演唱苏联歌曲。这种经营方式之所以有市场，就是利用了许多中国人心中的"俄罗斯情结"。记得2000年我在中亚吉尔吉斯斯坦一个东干人家中做客，他家的小儿子主动要为我们演奏一首"中国歌曲"——《莫斯科郊外的晚上》。原来，他家经常有中国人去做客，在一起时最爱唱的一首歌就是这首古老的俄罗斯情歌，以至于这位小男孩误以为这是一首中国歌曲。这首歌代表了整整一代中国人的"集体记忆"。

这时，来了一位涅涅茨牧民。他是套着鹿车从牧场过来的。他告诉我们，他们队现在放牧的牧场离绍伊纳只有16公里，但很快会换牧到更远的地方，所以他来镇上买些东西。他买了6瓶伏特加酒、2盒奶油，大约花了1000卢布（合人民币300余元）。他说物价太贵了，而且有些他想要的东西如盐、火柴等，商店里都没有了。他问售货员何时有货，说要等到月末了。商店每月最多进两次货，由于进货困难，这里商品价格都很高，如在圣彼得堡20多卢布一盒的黄油，在这里要卖到40多元；一袋饼干的价格几乎是圣彼得堡的3倍。蔬菜、水果是鲜见的。我们去时仅见到一小箱葡萄，用一个个小袋子分装，一袋约150卢布（合人民币50元左右）。售货员告诉我们，这样的商品很少进，容易坏，而且买的人也不多。偶尔来一些绿色蔬菜，但很贵，甚至卖到450卢布（约合人民币150元）一公斤。商店里很少卖肉，有时会有涅涅茨人来镇上卖鹿肉，约70～90卢布1公斤。涅涅茨人卖肉只收现钱，从来不以物易物。过去也有涅涅茨人来镇上卖毛皮的，但现在几乎没有了，因为镇上人一般不穿用毛皮自制的衣服，而穿工厂制作的成衣。涅涅茨人来镇上一般也不穿民族服装，和镇上的人没什么区别。

问及当地的民族关系，售货员说这里人与人之间关系非常友好。苏联时期民族间通婚者较多。但现在这里年轻人少了，他们在外面学习、工作，在外面找对象。留在这里的老年人经常在一起聊天、喝酒，只要大家能够谈到一起，并不在乎对方是什么民族。

我们在商店里聊了两个多小时，这期间只来了两位顾客。整个小镇共有两家商店，回来的路上我们顺便去了另一家，那里同样没有盐、火柴等生活必需品。我们买了面包、方便面，准备晚餐。

我和阿莉娜去最近的水井打水，走了20多分钟。这里有些人家自己挖了水井，但大多数人仍然使用公用水井。打水时碰到一位醉酒者，是一位俄罗斯人，60多岁的样子。他一直跟着我们，嘴里叽里咕噜不知说着什么。刚才在商店里售货员曾告诉我们，商店里是不能没有酒的。镇上的许多老年人生活很苦闷，他们过去在渔产品加工厂当工人，后来工厂解散了，他们也退休了。有些人是单身或没有子女，有子女的一般也不在身边，所以他们发了工资就去买酒。我们碰见的这位老人就是孤身一人。他跟我们回到宿舍，一进门就站不住了，坐在地上。后来邻居过来，连劝带骂，把他撑走了，并告诉我们一定要关好门，否则他还会来捣乱。果不其然，不到10分钟，他又来敲门。我们按照邻居的劝告不开门。他敲了一会儿，走开了。

由于绍伊纳的地理位置处于北极圈以北，又正值7月，所以到晚上八九点时，天还是很亮。我们吃完饭，感觉时间还早，就根据下午商店售货员的提议，去找学校校长访谈。

校长家离我们住的地方有一段距离。我们走在路上，由于起风，尘沙飞扬，能见度非常低，只能隐隐看到灯塔的影子。不远处有废弃的渔船以及过去加工厂报废的机械，整个小镇看起来一片凋零。

远处高大的航标告诉人们，这里曾经是个重要渔港，但由于过度开发，绍伊纳镇沙化严重，昔日繁荣不再

一些民居已经半掩在沙土中

　　校长塔吉娅娜是俄罗斯人，从 1982 年开始到绍伊纳工作并定居下来，至今已有 25 年。她说绍伊纳仍然是一个教学中心，附近游牧民族的孩子多送到这里来上学。她为我们介绍了绍伊纳学校的基本情况。该校有 1—11 年级共 71 名学生，主要包括 3 个民族：40 名涅涅茨人，5 名科米人，其余均是俄罗斯族。学生的民族成分以母亲计。此外，学校还有附属寄宿学校，其 29 名学生中没有俄罗斯族，主要是在冻土带上驯鹿的涅涅茨人的子女。寄宿学校去年有 200 多名学生，但后来校舍倒塌，多数学生只能转到涅希（Несь）镇去读书。学校没有针对民族的优惠政策，但 50 个贫困家庭的子女获得了资助。学校虽然由不同民族组成，但未曾发生过民族间的争吵、冲突。不仅是在学校里，整个镇上的人都像是一家人。这里没有民族间的歧视现象，只是涅涅茨人有时用"我们是涅涅茨人"表示自己某些方面不行，俄罗斯人在日常生活中并不认为涅涅茨人比自己低，但认为他们是

"另一种人"。学校用俄语授课，除从冻土带来的涅涅茨牧民子女外，镇上的涅涅茨学生一般不会讲涅涅茨语。原先有一个涅涅茨女教师教授涅涅茨语，但现在她退休了，其他教师没有懂涅涅茨语的，所以镇上的涅涅茨学生一般不会本民族语。由于这里属于涅涅茨民族自治区，所以学校要求在"地方风物"内容中讲授涅涅茨文化，而科米、俄罗斯文化则没有被列入教学计划。冻土带来的孩子到学校后需要适应一段时间，所以有些学生一年级就要读两年。加上一些涅涅茨家长不允许孩子6～7岁来学校读书，一般是8岁，所以在校的涅涅茨学生年龄较大。许多学生读到四五年级就辍学了。

我们还向塔吉娅娜询问了有关当地宗教信仰的情况。她说这里的俄罗斯人和涅涅茨人都信东正教，但没有宗教团体，也没有教堂，宗教氛围不是很浓郁。她还解释说，过去来这里工作的人多是移民，而且以年轻人为主，加之苏联时期主张无神论，所以宗教没有地位。这种情况到现在也没有大的改变。

起风了，沙尘中的绍伊纳镇一片凋零

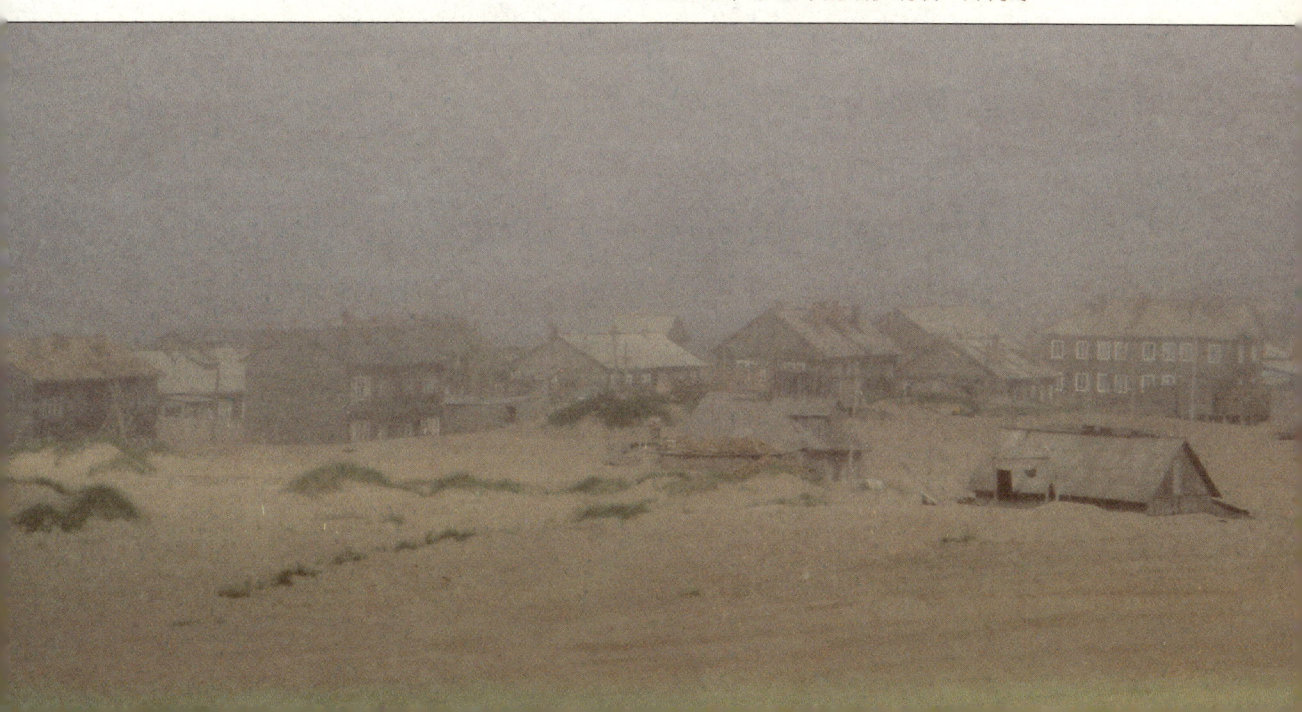

2007年7月5日　星期四

下雨了。今天肯定走不了啦。

外面阴云密布，雷声滚滚，我们4个人挤在一间不足10平方米的房子里，对着窗外发呆。

这样的天气，这样的环境，难免想家。

记得1999年春节是在吉尔吉斯斯坦过的，当时丈夫来探亲，我们一起往家打电话。听到父母苍老的声音，我就发誓，再不远离父母。但现在不但又一次"远离"，而且我与外界几乎失去了联系。手机不能使用，镇上的电信系统也出了故障（当地人说这是常有的事），不要说往中国打电话，即使在俄罗斯境内联系也是非常困难的。我打开电脑，开始看存在里面的照片，那些熟悉的身影在我的眼前变得模糊。"父母在不远游"的传统随着社会的发展变得淡漠，但我想，每个远游在外的人想到年迈的父母亲时，都会有一种别样的感受。

回国后一定先回老家看父母！

下午雨仍在下，我们不想这样等下去了，打算继续进行采访。

阿莉娜冒雨出去联系了一位渔民。他叫瓦西里（Василий Иванович Ушаков），俄罗斯人，生于1946年，从小随父母来到绍伊纳，12岁起就在附近打猎以添补家用，非常熟悉当地的情况。

他告诉我们，这里人的生活都与海联系在一起，如捕鱼等。苏联时期集体经济，不允许个人捕鱼，现在放开了，可以个体自由捕鱼。现在这里

在渔民瓦西里家调查

已经由原来的"涅涅茨民族区"改为"涅涅茨自治区",成了人家涅涅茨人的地方,俄罗斯人的地位不如从前了。近年从这里迁走的几乎都是俄罗斯人。

我在中亚吉尔吉斯斯坦、哈萨克斯坦调查时,也接触过关于俄罗斯人在苏联解体后大量迁走的问题。这次来圣彼得堡大学访学,我也走访了一些从中亚迁回的俄罗斯人。他们迁出中亚的原因,主要是中亚地区苏联加盟共和国解体后,俄罗斯人在当地的"优势地位"丧失。中亚各国从发展民族文化、加强国家独立主权等要求出发,强调当地主体民族语言的地位,在干部任用等方面的相关规定也使作为"外来者"的俄罗斯人明显处于劣势。所以他们急于迁回俄罗斯联邦的想法很容易理解。但让我没有想到的是，在苏联、今俄罗斯联邦的所谓"欧洲部分"，也会出现类似的情况。

　　这让我想到前几天读过的一份有关涅涅茨人的研究报告，报告的题目是《涅涅茨民族区卡宁—吉曼地区涅涅茨居民状况》。作者哈米奇（Л.В.Хамич）是涅涅茨人著名学者，她所编撰的学术专著《涅涅茨人》（圣彼得堡，2003 年出版）是我这次考察的重要参考资料。该报告的写作背景为 20 世纪 50 年代，当时苏联科学院倡导开展对于苏联北部地区的科学研究，在这种形势下哈米奇深入当时属于阿尔汗格尔斯克州的涅涅茨民族区进行了为期一个半月的考察。该文完成于 1957 年，带有极强的时代特色。作者首先肯定了苏维埃政权下涅涅茨地区经济、文化、医疗、卫生等方面的巨大变化，但也从其田野实践出发指出了其中的不足。特别是在教育方面她谈到这样的事实，即当地涅涅茨教师的工资比来这里教书的俄罗斯教师的工资少一半，而外来的校长也比当地民族出身的校长的休假期要多一个月。于是一些受过教育的涅涅茨人不愿意在本地工作，而一些年轻专家因为当地工资高而愿意来此地工作几年，时间一到即走，根本不考虑由此带来的后果。这种政策引起当地人的抱怨，认为涅涅茨教师懂民族语，其工资反而低于外来不懂民族语言的教师，而涅涅茨的孩子通常并不能很好地掌握俄语，特别需要本民族教师的指导。作者认为这种状态已经影响到地方干部队伍建设，要改变它，首先必须改变不平等的工资待遇。

　　我没有继续关注这篇报告所带来的结果，但从中最起码可以证明苏联时期来民族地区工作的俄罗斯人所受到的优厚待遇。

　　我问瓦西里："你从小在涅涅茨地区读书，没想过学习涅涅茨语吗？"他果断地告诉我："不需要！"他说当时学校以俄语授课，只要求涅涅茨学生学习本民族语，并不要求俄罗斯学生上这门课，而且来涅涅茨地区工作的俄罗斯人很少有人掌握当地民族的语言。当时所有的正式场合都使用俄语，俄罗斯人不懂地方语言没什么，但涅涅茨人若不懂俄语，则很难生存。听到这样的回答，当时我脑海中出现的一个概念就是"强盗的逻辑"，与此相联系的，就是"大俄罗斯沙文主义"。这个名词是在俄罗斯对外扩张、以强凌弱、将别人的东西据为己有的过程中形成并逐渐"完善"起来的。从历史上看，苏联以前的沙俄帝国是从一个小小的莫斯科公国发展成为横跨欧亚大陆的军事封建帝国。在其侵略扩张的过程中，征服并吞并了周围100多个民族，成为一个多民族的国家。由于这个国家不是自然接近和融合的结果，而是凭借武力征服所致，因此其内部缺少凝聚力，相反则潜伏着巨大的离心力。历代沙皇为了维系这样一个形如散沙的帝国，极力采用高压同化政策，在维护俄罗斯人的特权地位的前提下对其他民族进行侵略、歧视和同化。沙俄帝国的灭亡，并不意味着帝国情结浸润日久的大俄罗斯民族主义的终结。这一点，在沙俄的语言政策上表现得最为明显。十月革命后，在民族平等发展的原则下，苏维埃政府大力提倡发展少数民族语言文字，并采取措施为没有文字的民族创造文字。但在20世纪30年代末期，苏联在语言政策上发生了重大变化，强制推行俄语，在教育、宣传、出版等许多方面的社会实践中限制其他民族语言的发展。其结果是苏联除俄罗斯族之外的其他民族成员多成为"双语人"甚至"多语人"，而俄罗斯人则固守着俄语，即使移民到以非俄语民族为主体的加盟共和国也不肯入乡随俗。为此，他们也付出了沉重的代价。如苏联中亚地区5个共和国独立后，许多俄罗斯人正是在"掌握主体民族语言"这一条件下被挤出了政治舞台。这样的举措让骄傲的俄罗斯人苦不堪言，许多人选择迁移，但多数人仍然留在了他们已经熟悉的环境里，他们的后代在当地学校教学大纲的要求下，也开始了学习当地民族语言的过程。

与瓦西里告别时,他从冰箱里拿出一块腌制的鹿肉送给我们。他说这是他自己腌制的,这里的人喜欢吃鹿肉,但很贵。有时候去打猎,可这里最多的是大雁,雁肉吃几次就会腻。过去的人只在需要时才去猎杀大雁,但后来南方迁移过来的人用雁肉做罐头,当地人也学会了。而且现在有冰箱,便于保存。一般是夏天之前猎杀大雁,夏天捕鱼,冬天抓松鸡——松鸡的肉要好吃些。这里很少见到白熊,偶尔会有棕熊出现。当地人在打猎时有一些不成文的规定,如不杀孵蛋的鸟类、不杀天鹅、不杀尚不会飞的鸟类,拾鸟蛋时不能赶走巢穴中的鸟类,拾鸟蛋的数量不得超出 200 个,等等。

从瓦西里家回宿舍的路上,我们与一位居民取得了联系,说好晚饭后去他家采访。但当我们敲门时,他的妻子出来告诉我们,男主人喝醉了,正在睡觉,根本无法与我们交谈。于是我们与这位妇女谈起了有关喝酒的话题。她的解释很有意思:喝酒是快乐生活的重要内容。人们喝酒并不是为了解除孤独、寂寞,而是增加乐趣。这里地处北极,冬季极其寒冷且黑夜过长,不喝酒该怎么过?她说她从来不限制丈夫喝酒,她自己也会喝一些,而且酒量比丈夫大,今天她喝的酒不比丈夫少,但丈夫醉了,她还能接待我们。到后来她也不太清醒了。我们与她道别,她热情挽留。在这个小镇,我们遇见的人并不多,但所见到的每一个人都非常友好,让你感受到一种温暖。

2007年7月6日　星期五

凌晨不到3点就醒了。天已经非常亮，夏天在北极地区几乎感受不到黑夜。虽然这里晚上12点就停电了，但这并不影响工作。我打开电脑开始整理材料。

阿莉娜一早就出去了。她是考察队的秘书，并负责将我们3个外国人"护送"到目的地。她很勤快，烧水、做饭，联系工作事宜，十分辛苦。

上午10点左右，阿莉娜回来了，她说谢尔盖（我们的向导）告诉她今天可以出发，并已经租了两艘快艇。如果到下午两点天气没大的变化，我们就可以前往营地。

这个消息让我振奋。时间还早，我和阿莉娜准备再了解一下当地居民的信仰情况。走不多远，就看见一位俄罗斯老年妇女在外面晾衣服，我们和她聊了起来。

她叫瓦莲吉娜，是年轻时嫁到这个镇上的，现在已经退休。她说镇上以退休人员为主。他们的退休金虽然不多，但足够生活，因为许多东西都能够"自给自足"。男人有时候会打猎、捕鱼，女人则主要从事家务，也会出去拾鸟蛋。她边说边从冰箱里拿出一个煮好的野鸭蛋让我尝，并端上了她自制的蛋糕。她说这里的涅涅茨人都懂俄语，女人们经常在一起聊天，彼此没什么隔阂。年轻人在这里不会有前途，也挣不到什么钱，所以多出去学习或工作了。她只与老伴两人在这里生活，儿子在阿尔汗格尔斯克工作，女儿在圣彼得堡，已经结婚了。前些年她与老伴还去圣彼得堡参加了女儿的婚礼，现在也有外孙了，不久前女儿寄来了外孙的照片，非常可爱。但她却不能去看望他们，主要由于去一趟圣彼得堡太不容易，费用也太大。她把我们让进屋，请我们看外孙的照片。我们在她家的墙上看到圣母玛莉娅的画像，而且橱柜中也有一些圣像，就问她是否信仰东正教。她说摆这些东西只是因为好看，不是因为信仰。我问她，在俄罗斯其他地区都有教堂，而绍伊纳镇则没有，这里以俄罗斯人为主，大家不想建一座教堂吗？她说大家都不信教，没有必要建。

　　昨天绍伊纳学校校长塔吉娅娜说这里宗教氛围不是很浓郁，今天瓦莲吉纳又强调"大家都不信教"，看来这里与整个俄罗斯"大气候"相比还是有些差别。苏联解体后，宗教信仰开始复兴。许多学者强调这样一个观点，即在经历了巨大的社会动荡之后，俄罗斯人在东正教中找到了一个新的精神家园。这个"新"是个相对的概念，事实上从10世纪起东正教就深深扎根于俄罗斯社会，融入俄罗斯人的血液当中。俄罗斯的历史、文化等方方面面，无一不是建立在东正教深厚的根基之上。即使是在苏联时期，尽管宗教受到遏制，但民间的一些宗教活动仍然在有限范围内得以进行，如给新生儿实施洗礼等，东正教的血脉根基并没有完全被清除。因而，当苏联瓦解后，俄罗斯人的宗教情结一下子被唤醒，人们开始去审视俄罗斯传统和文化的源泉所在。而巨大的社会转变带来的心理震撼，加上苏联解体后俄罗斯社会陷入动荡与困境，让更多的人涌向教堂，寻找一种安慰与寄托。可以这样说，当东正教的精神重归俄罗斯，它更像是一种传统价值观的回归，而不是一种宗教的复兴。在俄罗斯，虽然许多人强调东正教的价值和地位，但这些人可能并不会定期去教堂做礼拜，也不在教堂举行婚礼，更不会去遵守东正教繁琐的宗教斋戒，人们更多的是把东正教视为一种生活方式、一种文化传统，希望能借助东正教的力量，完成俄罗斯民族精神的重塑。

下午两点，天气晴好，我们准备出发。

两艘快艇由3位当地渔民驾驶，一位是瓦西里，另外还有两位俄罗斯小伙子——尤拉和谢尔盖，后者就是我们在绍伊纳的向导。绍伊纳是个渔港，这里的人经常下海捕鱼，快艇是他们的重要工具。但我们乘坐的快艇已经很旧了，半天才发动起来，而且刚出发，一艘快艇的马达就出了问题，只能换一艘。

瓦西里将快艇拉入海中，准备带我们离开绍伊纳镇

终于出发了。谢尔盖的快艇上是瓦尔第斯、吉格娜夫妇，而阿莉娜和我则坐在瓦西里的快艇上。还有一位重要成员，那就是瓦西里家的狗——茨冈。"茨冈"，是俄罗斯人对吉普赛人的称呼。我问瓦西里为什么给狗起这个名字。他说这只狗又聪明又狡猾，而且是黑色的，就像茨冈人。在俄罗斯，社会舆论常常对茨冈人采取不公平的态度，许多茨冈人不愿意承认自己的民族成分。茨冈人究竟在什么时候、以什么方式进入俄罗斯，并没有明确的结论。在苏联有20多万茨冈人，曾经有过茨冈人的集体农庄，但时间不长。究其原因很多，有学者认为是由于违背了客观规律，不考虑茨冈人的性格特点和传统观念所致。1926年在俄文的基础上创造了茨冈文字，1927年出版了第一部茨冈文杂志，开办了茨冈学校和教师班，发展民族文学艺术。苏联的茨冈剧院——"罗曼"是世界上唯一的一座茨冈人的专业剧

小船在茫茫大海中出现了故障

院,演员都是有着音乐和舞蹈才华的茨冈人。他们的剧目具有鲜明的民族特色,因而受到观众的青睐。至今,人们还可以从舞台上欣赏到茨冈人的风情。据《2002年全俄人口普查结果》,如今俄罗斯有茨冈人18万多人。他们大多已经定居,其生活方式与普通的俄罗斯人并无太大区别。但在俄罗斯街头还能见到行乞的茨冈人及占卜者,在餐饮业中从事表演的茨冈人也不少。在俄罗斯文学艺术创作中,常常会出现茨冈人的身影。其中最著名、也最为中国人所熟知的,就是普希金写于1924年的长篇叙事诗《茨冈》。这首诗在20世纪30年代由瞿秋白译成汉文(未最后完成),1939年由上海万叶书店印成单行本。1959年,人民文学出版社补上未完成的译文,印发了这个单行本,全书只有40页,定价1角钱。这首诗是描写爱情的,其中也流露出普希金对"文明社会之外"的茨冈人自由自在生活的赞颂,甚至将其理想化。俄罗斯人喜欢普希金的诗,当然也包括《茨冈》,但这并不影响他们对茨冈人的偏见。

瓦西里的狗(这里我们就权且叫它"茨冈")其实是非常通人性的。我们上船时,茨冈叫个不停,但瓦西里轻声说了一句什么,它就安静下来了。瓦西里一直不停地与它"对话",还不时摸摸它的头,这时茨冈就会把鼻子放在瓦西里的脚上轻轻嗅着,一副很得宠又很忠诚的样子。俄罗斯人爱狗,特别是在人口稀少的北极,狗更是家中都的宠物,许多人家中都养着好几条狗。

我们顺着卡宁半岛以西的白海由南向北航行。白海是巴伦支海的延伸部分,深入俄罗斯西北部内陆,是北冰洋的边缘海,以狭长的"咽喉"海峡与巴伦支海相连,北极圈从白海中穿过。白海的航运条件比较好,但由于结冰期长(海水结冰期自10月或11月开始,直到次年5、6月,而且秋季、春季海域多浮冰），发展较慢。目前已建成白海—波罗的海运河，与东欧平原其他河流相连，构成白海、波罗的海、亚速海、黑海和里海间的"五海通航"这一著名的航运系统，对于促进白海、俄罗斯西北部以及东欧平原的贸易和经济发展起到了重要的作用。

上船前，我们眼中的海水很平静，但船开起来后，浪花扑面而来。海水浸到嘴里，咸咸的。瓦西里告诉我们，白海之所以被称为"白海"，就因为白海很少有平静的时候，经常是浪涛滚滚，大海翻动着白色的浪花，"白海"的"白"就由此而来。

我们的船开得很快，另一艘船被我们远远甩在后面。当船行驶到大海中央时，马达出了问题。瓦西里一次次启动机器，但均未能成功。茫茫大海中，只有我们的小船在漂荡。风越来越大，天上出现了黑云。我心里开始发急，但对瓦西里有一种本能的信任。大约过了20分钟，另一艘快艇赶上来，但也就在这时候，瓦西里成功地发动了马达。两艘船欢呼着又开始了快速前行。浪花翻腾，尤拉与谢尔盖的船进水了，他们建议等到风浪平静一些再走，瓦西里同意了。

两艘船驶向附近的一个小岛。下船时，我和阿莉娜的衣服虽然有些湿，但瓦尔第斯、吉格娜夫妇已经完全成了"落汤鸡"。真应了"姜还是老的辣"那句话，瓦西里以其在海上几十年的经验，躲过了一排排迎面而来的浪花，使我和阿莉娜免受了穿着湿衣服被海风吹的寒冷之苦。

我们登上的小岛曾经是一个小的居民区，后来居民都迁走了，但还留下一些木屋，这些房屋就成了附近渔民歇脚的地方。我们进了离海最近的一间木屋，里面炊具、炉灶、床及铺盖等一应俱全，还有劈好的木柴。谢尔盖很快点燃炉火，屋子顿时变得暖和起来。

2007 年 7 月 6 日　星期五

我们被搁置在白海中的这个荒岛上

　　渔民们开始喝酒，我们到外面采了一些野葱，洗都没洗，就着面包，也开始了我们的晚餐。

　　晚饭后，大家在床上和衣而卧。

2007年7月7日　星期六

凌晨2点多，我们准备出发。但外面的风却没有减弱的迹象。瓦西里叫大家继续休息，他会根据天气变化确定出发的时间。

醒来一看表，已经是早上9点多了。瓦西里坐在床边不停地吸烟。看他的脸色，就知道暂时走不了。出了房间——下雨了。天气非常寒冷，我穿着两件毛衣，顷刻就被风吹透了，于是赶紧回到屋里。

原计划3个小时的行程因为天气而发生变故，大家都很沉默。其实最可怕的是我们缺少食物储备。还好，岛上有一个小水塘，水虽然并不很干净，但是淡水。阿莉娜拿出一袋洋芋粉，冲制了几杯"速食土豆粥"。几个渔民并没有同我们一起吃。他们觉得抱歉，没有能够及时把我们送到目的地，而且还不能立即出发，这让他们难过。

雨变小了，我们决定出去找些可吃的东西。这个岛不大，周围没有太高的植物。有一片小小的墓地，由于年久失修，看上去破败而凄凉。从歪歪斜斜竖在杂草中的十字架看，这里安息的应该是俄罗斯人。没有墓碑，也没有可查阅的资料，逝去的人也许就永远这样无人打扰地安息。到过俄罗斯的人都知道，俄罗斯人是非常重视"陵墓文化"的。2000年首次去莫斯科，朋友带我参观圣女修道院公墓。到了墓地，一排排整齐的陵墓让我惊叹不已。这里每座陵墓都由一座美丽的雕塑组成，整个墓地就是一个形态各异的雕塑园，极具审美价值，有些甚至能从雕塑的内容看出逝者生前的地位、职业。给我印象最深的就是前苏联著名芭蕾舞演员乌兰诺娃的汉白玉雕塑，栩栩如生的舞者轻盈而圣洁。在这里，残酷的死因为美丽而成就一种永恒的魅力。这就是俄罗斯人！他们将一个原本应该是寂静无声的逝者世界，变为了一个展示生命的蓬勃与美好的艺术圣地，成为生者和逝者交流的纽带。同时，墓园本身也成为不可磨灭的凝固的艺术景观，长久地与人类相伴。

俄罗斯人也很重视悼念逝者。谢肉节最后一天、复活节后第一周、圣三主日等宗教节日都是扫墓的日子。届时人们来到亲人墓前，将墓地清理干净，并供奉鸡蛋、面包、伏特加酒、花束等，在墓前祈祷、静坐、回忆，似乎是在与故去的亲人一起过节。而这个小岛上的墓地一定是很久没

岛上的墓地里安息着长眠于此的俄罗斯渔民

人来过，而且看得出来，这些墓修建得特别简陋。也许，亡故者的亲人早已远走他乡。苏联时期，从发展边疆民族地区经济文化出发，大批的俄罗斯人被派往苏联极北、西伯利亚等地。但当时对这些地区所进行的工业开发，是在没有考虑到当地人的生活结构、社会和生态后果的情况下进行的，从而造成许多失误。如绍伊纳镇，自从建厂导致沙化及工厂关闭以后，人员大量迁走。不知这里安息的俄罗斯人与当时的"移民潮"（为开发民族地区而来，在结果不好的情况下又迁走）有没有关系？

在离墓地不远处，吉格娜找到了一个野鸭蛋——这是我们的第一分收获。瓦尔第斯将鸭蛋放进水中，鸭蛋漂了起来。瓦尔第斯说这只鸭蛋时间太久了，不能吃。他是生物学家，应该比较了解这方面的情况。我们只能看着鸭蛋发呆。走了两个多小时，仍然没有收获，瓦尔第斯"抓只鸡或野鸭烤着吃"的愿望完全落空。我们只是采集了一些野葱和一种叫做 щавель 的野菜。这种野菜略带酸味，我们边采集边往嘴里送。从昨天下午两点上船到现在就没好好吃过一顿饭。回到房间，阿莉娜将野菜加盐用热水煮过，我们的午餐（已经是下午4点）就这样简单地应付了。喝着这种像水一样的汤，真渴望能有一块面包。我来俄罗斯后，早餐主要是吃面包，我每隔三天便买一包面包，每包面包里分成12片。我每天早晨吃两片，吃到第三天就过期了。也就是说，我每三天扔掉6片面包，如果留到今天，那一定够我们好好吃几顿的。我平生第一次感受到浪费带来的负罪感。

在一个荒无人烟又缺少食品的地方，对生活的感受和处于丰衣足食的人际社会是完全不同的。昨天瓦西里问我在海上漂流的感受，我说很有意思，很享受。过去都是花钱旅游坐船，现在是在真正的大海里，实在难得。他又问我风景如何？我说太美了，这样辽阔，非常令人向往。他说你待长了，就不会这样想了。

我现在只待了一天多，就已经不这样想了。在这样的荒岛上，面对着外面无尽的海洋和天上漫无边际的黑云，而能够平静面对确实需要一种磨砺，也需要有自己应对的方式。我理解了绍伊纳的居民为什么喜欢喝酒，也明白了瓦西里常常与狗"对话"的原因……

由于不能按计划送我们抵达目的地，瓦西里充满内疚。他的狗"茨冈"似乎感受到主人的情绪，趴在主人脚下，与之"分担"忧愁

2007年7月8日　星期日

下了一夜的雨，早晨还没有停。听着窗外凄厉的风声，我的第一感觉就是：今天又走不了啦。

昨天晚上瓦西里几乎一夜未眠，隔一段时间就出去观察天气情况。茨冈睡在它的床上，发出粗重的呼吸声，看上去睡得很沉，但只要瓦西里站起来，它就立即跳下床，寸步不离开主人。其实大家这一夜都没睡好，除了焦虑之外，主要原因是肚子空了。

早晨起床后，瓦西里说，看天气情况，三天之内是绝对走不了的，要等一个星期或者更长时间。他建议我们顺着白海岸边一直往北走，步行去营地，大约要走30多公里。他还说涅涅茨人有时会从牧地去绍伊纳，要走60公里。

没有别的办法，只好如此了。问题是我们也不知道营地的具体位置。考察队的主要成员是从阿尔汗格尔斯克直接乘船到卡宁半岛北部，在那里根据地形、地貌、方位等因素来确定营地位置。

阿伊娜开始在岛上寻找高地以利于用对讲机与营地联系。这次考察队共带了4部对讲机，用于各考察小组之间的联系。

但联系了几次都没有成功。外面雨越下越大，出去了几次，浑身都湿透了。直到下午4点多，终于有了信号。原来，考察队的领队伊高力看到我们没有能够按计划与其汇合，也一直在与我们联系。他们住在山坡上，他已经许多次爬上山顶与我们联系。这一次他到了山顶，正好阿莉娜也站在小岛的最高处,这才联系上了。

伊高力了解了我们的情况后,要求我们于明天早晨大海退潮时出发。他将派人从营地向南走,到距营地10公里处的 Большая Бгряница 河(大布格里亚尼察河)岸边,那里有一个"Изба"(小木屋,这里指渔民夏天捕鱼时临时搭建的"渔屋"),他们认识的渔民,届时将与考察队员一起接应我们。

瓦西里说,今天夜里雨应该会变小,大家休息休息,明天早晨出发。

但还是要解决食物问题。瓦西里让尤拉和谢尔盖到另外几处木屋去找找看。他说渔民因风浪滞留在岛上是常有的事。这个岛附近的渔民相互间都熟,有时候会有人放一些食品在这里以备急用。

果然如此——尤拉和谢尔盖抱着一个纸箱子兴冲冲跑进来,里面装了些切成小块的面包干及一瓶白糖。面包干不知放了多久,已经发灰。瓦西里说可以吃,这是风干的,可以长期存放。我们烧了一壶水,瓦西里拿出些红茶,每人沏上一杯,就着面包干勉强下咽,似乎能够听见咀嚼时发出的沙子硌牙的声音。瓦西里建议我在茶里加些糖,说如果不补充体力,我根本无法走到目的地。我按照他的建议做了,只是糖里杂尘太多,喝几口就放下了。

吃了些东西,感觉心里不再发慌。于是我们按瓦西里的经验性提示去做:上床,休息,以保持体力。

2007 年 7 月 9 日　星期一

　　早晨不到 6 点，雨已经停了，但还是有风，只是比昨天小多了。瓦西里、尤拉和谢尔盖用船将我们从小岛送到白海岸上，让我们顺着海岸一直向北走。他们三个将船放在这里，将步行返回绍伊纳镇。

　　我们沿着白海海岸开始了艰难的负重前行。

空荒的白海岸边，只有考察队员负重前行的身影

每个人行李的重量至少有 20 公斤，包括帐篷、睡袋、餐具及冬夏衣服（可是去北极啊）。在阿尔汗格尔斯克机场时，我们就因为行李超重交了罚款（飞机上每人最多可带 10 公斤物品），而且还不包括随身携带的电脑。

海边的空气清新湿冷，有海盐的味道。海岸上的沙地时软时湿，负重走在上面，半只脚就会陷进去，很费力。我们一直沿着一条狭长地带前行：左边是白海，右边是长年冻土形成的低矮的山峦。"冻土"这个概念是这次考察才开始接触的。据说冻土(Tundra，俄语是 Дудра)一词源自生活在北欧北极地区萨米人的语言 tūndra(tundar 的属格)，意思是"无树的平原"。多

短暂的歇息

年冻土指多年连续保持冻结的土壤和疏松岩石，即使在盛夏，融化深度也不大。世界上多年冻土的面积约占陆地总面积的 20%～25%。冻土上也会长出一些植物，但较高大的树木是不能在上面存活的，因为它们长长的根部无力深入到冻土层的土壤中去汲取水分和养分，但草类、小型灌木、苔藓和地衣等可以在冻土地带生长。

每走一步都是那么艰难。除了大海的涛声和偶尔有海鸥鸣叫着飞过，路上看不到任何行人。早晨大海退潮后，岸边有许多各色美丽的贝壳及石头——一直认为自己是爱海的，也喜欢那份海边漫步捡贝壳的轻松。但现在除了累其他什么感觉都没有了，只是低头弯腰前行，沉重的行李压得我

这不是岩石，是冻土

根本抬不起头。记得是哪本书还是哪部电影中有这样一句话："大海,给我力量吧!"于是努力去看海,那望不到尽头的海水带给我更深重的迷茫。涅涅茨人主要生活的地方均处于北极圈内,除卡宁半岛外,亚马尔—涅涅茨自治区的亚马尔半岛处于北纬70°,与涅涅茨自治区相邻。"亚马尔"(Ямал)一词不是俄语,而是涅涅茨语,意为地球的尽头。在这里,自己也似乎远离了一切——远离了人群,远离了祖国和亲人,就是几十公里之外的营地,也觉得那样遥不可及。

冻土带的景观非常神奇:这一段覆盖着皑皑白雪,不多远的地方会开满各色的花朵。特别是那一簇簇绽放的小白花在深灰色的冻土上显得那样弱小,却透着顽强的生命力。路上散落的冻土块形态各异,有时几块这样的土块叠到一起,很像一座座小小的石山。太累的时候,我们会靠在这些冻土块上休息,但却不敢卸掉背上的行李,否则再往身上背的时候,很难有力量站起来。风仍在吹,脸上的汗水被吹干了,但被汗浸透的衣服则仍是湿漉漉的,一停下来就感觉到寒冷,所以我们不敢久停。出来时瓦西里也告诉我们,一定要在晚上赶到目的地,否则海水涨潮就更难走了。

远处传来某种呼唤声——我深信(更确切说是希望)是人的呼唤。声音越来越近,原来是两头野鹿。也许是太寂静了,也许是太渴望了,也许真是如此——我坚持认为鹿的叫声和人的喊声是没有差别的(后来在涅涅茨牧民家中谈到这个话题时,他们说涅涅茨人从来都把鹿当做朋友,放牧的时候经常模仿鹿的声音进行管理,而且鹿也是通人性的)。野鹿远远地看着我们,目光机警、好奇。我们停下来,赶紧拿出相机拍摄。但当瓦尔第斯想进一步靠近的时候,鹿跑了。

冻土带有常年不化的积雪

冻土带上也会出现一簇簇小花

两头野鹿站在冻土带上——这是我们进入卡宁半岛后第一次见到鹿

在绍伊纳镇时，我们曾经问过当地人打猎时能否打到野鹿，回答说现在卡宁半岛很难见到野鹿，主要是被涅涅茨人家养了。看来我们今天能够碰见野鹿，也算是赶巧了。

走到 7 公里处（瓦尔第斯带着计程器），是 Сальница（萨力尼察）河。这是一条东西向的淡水河。出发前瓦西里给我们指路，说我们要经过两条河——接应人员将在第二条河的入海处等我们。瓦西里说，这里每一条入海的河口均有"渔屋"，届时我们可以在那里休息。

所谓的"渔屋"其实非常简单，就是用木头搭成的简易房，一般建在高处，远远就能看到。到"渔屋"时已经是中午 12 点了，我们又累又饿，卸下行装准备休息一下。这时瓦尔第斯与吉格娜夫妇从包里拿出一包方便面、一盒牛肉罐头。这让我吃惊，在岛上缺少食物时，他们也没有拿出来，我还以为我们是什么吃的也没有了，已经做好"撑"到目的地的准备。

阿伊娜和我高兴极了。阿尔第斯说，他经常到世界各地考察，知道可能遇到的困难。这包方便面和罐头中午只能吃一半，另一半以备不测。

我们到河里取来淡水，取出酒精炉（根据考察队要求，我们每人都随身带着酒精炉）煮了半包方便面，并加进半筒罐头。每个人虽然只分到很少的食品，但在茫茫大海边一个破旧的小木屋里，能吃到热乎乎的面已经很幸福了。

天完全晴了，太阳也出来了，沙滩上暖融融的。我们躺在沙滩上休息。阿莉娜说，若是不急着赶路，在这里晒太阳该多好！我想到经常在圣彼得堡的公园、河边或某个露天场所看到的那些躺着享受"日光浴"的人，就问阿莉娜："你也常去晒太阳吗？"她说最近太忙，已经许久没去了。她接着提到了中国的海南岛（在俄罗斯，海南岛旅游是热线，你会经常在俄罗斯报纸上读到"海南游"广告），问是否那里也有许多晒太阳的中国人。我说我们中国人虽然也有人"晒"，但更多的人是"躲"太阳，因为我们目前大多数人的审美观念仍然是以白为美。吉格娜也加入我们的谈话。她说常看到中国游客不下雨时还要打把伞，这确实让她不理解。她问我中国人为什么喜欢白？我说这就是文化差异吧。在对身体的审美观念上，中国人和西方国家的看法有差别。比如欧洲人喜欢棕褐色的肤色，认为那是健康、富有的外在标志，而中国人"以白为美"的审美观念最早也与身份有关。在古时候，劳动人民大多是面朝黄土背朝天，风吹日晒雨淋，肤色不可能白；但有钱人、有地位的人则不用去太阳下干活儿。于是在中国人的潜意识里，肤色的深浅成为判断人们地位高低、财富多寡的鉴定标志。随着时间的推移,肤色判断法渐渐地形成一种文化。中国人会说"一白遮百丑",尽管阳光、空气、水和运动,一向被视为人类生存的四大源泉,但在我们特有的传统审美观念下,即使一个很"西化"的中国人,也很少像西方人那样去享受日光浴。

阿莉娜说,俄罗斯人喜欢晒太阳,这是传统。父母在孩子小的时候就让他们多与大自然接触,培养他们热爱大自然的品质。这没有什么特殊的文化含义,主要强调自然和健康。她还说她曾经听人讲过,有些国家的人为了有一个"棕褐色的皮肤",就去美容店做美容,使肤色迅速变成喜欢的颜色。但这种美容的效果并不很明显,要想保持这种肤色,就要经常去美容店,费时费力费钱却不自然,而俄罗斯人却是崇尚自然的。

我们又问吉格娜,拉脱维亚如何看"肤色问题"?吉格娜说,拉脱维亚人的观念更接近西方人。她的这句话引起我的兴趣。5月份我去了与拉脱维亚毗邻的爱沙尼亚,那里刚刚为拆除苏联红军解放塔林纪念碑引发了一场骚乱。俄罗斯外交部长拉夫罗夫指责爱沙尼亚政府这一无视"历史的价值"的行为"令人难以接受"。但到了爱沙尼亚,你就会感受到,这个脱离苏联仅10余年的国家是如何努力洗刷曾经经历过的"俄罗斯化"的影响的:其境内的俄罗斯人只有通过爱沙尼亚语考试合格重新登记后,方能获得爱沙尼亚国籍;爱沙尼亚城市街道的路牌、店铺名称大多已由俄文改用爱沙尼亚文;学校里基本上已经不讲授俄语。以上举措使长期生活在爱沙尼亚而又未很好掌握当地语言的俄罗斯居民陷入困境。在前苏联波罗的海三国——拉脱维亚、爱沙尼亚和立陶宛民族国家形成发展的过程中,俄罗斯是一个不能回避的因素。翻开拉脱维亚的历史,这个国土面积仅有6.37万平方公里、人口230余万人的国家绝大多数时间处于附属地位:12世纪末至 1562 年，被日耳曼十字军侵占，后归属德立窝尼亚政权；1583 — 1710 年，先后被瑞典、波兰—立陶宛公国瓜分；1710 — 1795 年，被沙皇俄国占领；1795 — 1918 年，拉脱维亚东部和西部分别被俄罗斯和德国割据；1918 年 11 月 18 日，成为独立的共和国；1940 年并入苏联；1941 — 1945 年，被德国侵占；二战结束后，重新并入苏联；1991 年 8 月 22 日，拉脱维亚共和国宣布独立，之后采取了亲西方政策，对俄关系"冷漠"，而且努力在社会政治文化中"去俄罗斯化"。拉脱维亚议会通过的语言修正法规定，俄语只能在国家机关的文件中使用。这显然是排挤俄语的一种过渡性措施。我询问吉格娜拉脱维亚之所以这样做的原因，吉格娜说，拉脱维亚本来就是欧洲国家，有自己的文化特色。但苏联时期拉脱维亚人被迫接受俄罗斯文化，比如学校里以俄语为主，名字也按俄罗斯人的习惯加上父称。那时孩子在家讲拉脱维亚语，上学则以俄语授课。拉脱维亚独立后彻底改变了这种现象。目前在拉脱维亚，学校里教授的语言以拉脱维亚语为主。这一代孩子的父母多是在苏联时期接受的教育，通常讲俄语，所以孩子们在家时说俄语，上学后慢慢就讲拉脱维亚语了，和苏联时期正好相反；现在拉脱维亚人的名字也不再是俄罗斯式的，而是重新恢复了原来的传统。吉格娜强调，只要互相尊重，两国人民的关系是割不断的。现在拉脱维亚的俄罗斯人口将近占人口总数的 30%；拉脱维亚语属于印欧语系波罗的海语支，这种语支最接近于斯拉夫语支，加上拉脱维亚的大多数人都懂俄语，所以与俄罗斯的联系是最方便的。

　　三个人躺在沙滩上，聊着彼此感兴趣的话题，似乎忘却了我们即将面对的困难。

　　瓦尔第斯走过来说："该出发了。"

路上我们是没有力气说话的，只是默默地走。晚上 7 点，我们到了第二个河口——Большая Бгряница 河（大布格里亚尼察河）——接应我们的人应该就在这里。

但我们并没有找到小木屋，也没有见到接应者。

阿莉娜让我们在海岸边等，她自己顺着河去寻找，过了大约半个小时，她回来了，与她同来的，还有两位俄罗斯渔民。

原来考察队的康斯坦丁和萨沙已经在这里等了我们多半天了。两位渔民是当地人，他们接我们过河去渔屋，并在渔屋里用一顿丰盛的晚餐招待

2007 年 7 月 9 日　星期一

我们终于看到了远处渔民的小木屋

白海边渔民的"渔屋"往往建在海边并有淡水河的地方

我们——面包、鹿肉、黄油、热茶。小屋很窄,放着两张床,中间支着一个很大的铁炉子,渔民在上面烧水、做饭。炉火很旺,木柴熊熊燃烧——这里不用发愁燃料。渔民告诉我们,河口入海处堆积的大量木头,都是从海里飘过来的,用多少年都用不完。

晚饭后,萨沙和一位渔民用快艇把我及我们所有人的行李送到营地,其他几个人第二天早晨步行过去。

我们今天走了20公里,用了近14个小时。

2007 年 7 月 10 日　星期二

我是被烈日"晒"醒的。

昨天到营地时太累了,所以只与伊高力寒暄几句就睡了。帐篷建在冻土带上,又潮又湿,所以将所有的衣服或穿在身上,或垫在下面,但还是感觉湿冷。

考察队的"营地"是由几顶帐篷组成的

北极民族学察访笔记

北极的温差如此之大——夜里睡觉时被冻醒好几次，但早晨，太阳照射在营地上，逐渐热起来，临近中午时气温达到30℃。

营地坐落在"Песцовая Река"入海口处的半山腰上，面对茫茫的白海。山不高，但由于周围没有任何建筑物，所以远远望去，一点一点的彩色帐篷格外耀眼——昨天晚上，当我坐着渔民的快艇向营地进发时，渔民在很远的地方就给我指明了营地所在的地方。据说营地当初考虑建在山顶，但由于风大及下山取水困难等，队员们拆除了已建好的营地，在半山腰重新搭建。营地除考察队员的帐篷外，还搭建了放杂物的"仓库"及放饮料的"地窖"。帐篷之间的低洼处，是用几根木头架起的"炉灶"。山上没有高大的植物，只有草和一些低矮的灌木，所以当日光强烈时，根本无处可躲，

营地最初是建在山顶上的，后来由于风大移至半山腰

2007 年 7 月 10 日 星期二

队员们在搭建营地

饮料及罐筒放在冻土带的"地窖"中，形成天然的"冰箱"

077

北极民族学考察笔记

帐篷里更是燥热难耐。特别是没风的时候,蚊子会成群结队迎面扑来,根本打不过来。而且这些蚊子完全不在乎你挥动驱赶的手,它们会竭尽一切办法飞到你的身上、脸上、头上,死死叮在上面,或者干脆被打死,或者吸血成功。

我第一天来,在短短的时间里脸就红肿了。再看其他队员,他们已经来了两周,似乎已经习惯了。有的人脸上贴着死蚊子,每个人身上都有挠破的伤痕。他们对我开玩笑说:这里的蚊子见人不多,主要是喝鹿血的。那么厚的皮都能叮透,何况人呢!是的,这里的蚊子爱叮人头部,若在头皮处叮个疙瘩特别难受,所以每个人都用头巾或帽子遮住头。

女生做饭,男生劈柴

有风就好多了——这里的蚊子很特殊，飞起来像是在飘，轻轻的。但只要有风，就会立即"飘"走。

萨沙既是考察队员，也是随队医生。他来到我的帐篷为我治疗：昨天走路时，脚上满是泡。简单治疗后萨沙告诉我一定不要让脚感染，因为调查时没有交通工具，完全靠走。他给了我一些药品，其中包括一盒驱蚊膏，让我每隔4～6个小时抹一次。这种药膏很管用，抹上后，身边的蚊子就少多了。营地里的女性考察队员没有一个人化妆（要知道俄罗斯女性非常爱漂亮），但要不断地往脸上涂抹驱蚊膏。由于北极地区河水太凉，所以队员们很少洗澡，加之日光暴晒及每天上山下山来回奔波，大家看上去有

2007年7月10日 星期二

队员们在用餐

些"污头垢面",和平时在学校时大不一样。

这是一种野外生活,一切都要队员自己动手,所有的食品、用品都是从圣彼得堡或阿尔汗格尔斯克带来的。分工也很明确:男生负责从山下的河中打水、劈柴,女生则引火做饭,饭后到山下去洗碗。饭很简单,或者是用炼乳加麦片、米煮粥,或者用肉罐头煮通心粉。饭后一定要喝茶,吃饼干、巧克力。煮茶的水从山下拎上来时,通常已经吹进去一些尘土了。烧水时又会有蚊虫掉进去,这时候会有人很快将之捞出来,并说一句"Сюрприз(意外的礼物)"。尽管如此,大家还是吃得津津有味。

和中国学生相比,俄罗斯的大学生更能吃苦,有更强的独立性。我们

考察队员饭后到海边洗餐具

住的地方虽不太高，却很不好走。我每次从下面上来都会气喘吁吁，但学生们每天不知要爬上爬下多少次：清晨洗漱、打水、洗碗、洗衣服、拾柴等都要来回走，而且往往还要负重。他们没有人抱怨或叫苦，每个学生的独立生活能力都比较强。

2007年7月11日　星期三

凌晨2:30，有一个考察小组出发，去寻找放牧的涅涅茨牧民。

用"寻找"一词，是因为涅涅茨牧民的营地并不固定，而是随着牧场不断变动。考察队员要追踪牧民放鹿的踪迹，寻找其驻扎的地方。

考察队14人共分成5个小组，其中瓦尔第斯与吉格娜夫妇组成生物考察小组，其他4个小组人员不等，每个组也没有明确选题，只是要求每个组至少寻找一个涅涅茨人驯鹿家庭生产协作小组，并根据事先准备好的问卷进行访谈及参与观察。

我所在小组有4个人：圣彼得堡大学历史系民族学与人类学教研室二年级本科生芭莉娜、萨沙及一年级研究生奥莉佳。萨沙因为去接我们这批后来者，所以仍然滞留在营地，芭莉娜和奥莉佳现在已与涅涅茨人在一起。

按照计划，我与萨沙将于明天晚上出发。伊高力给了我一些资料，告诉我这些资料对了解当地情况有益。

资料主要包括两部分：当地资讯及去年考察队在卡宁地区调查的记录及总结。

于是我躲在闷热的帐篷里埋头苦读。

涅涅茨自治区（Ненецкий Автономный Округ）位于阿尔汗格尔斯克州东北部，沿巴伦支海和喀拉海伸展，几乎全境都在北极圈内。全区面积17.7万平方公里，人口44,900人（2002年），由25个民族组成。其中俄罗斯人占66%，涅涅茨人占12%，科米人占9.5%，乌克兰人占6.9%，白俄罗斯人占2%。

涅涅茨人的分布及卡宁半岛所在的地理位置

① 涅涅茨自治区
② 亚马尔—涅涅茨自治区
③ 泰梅尔（多尔干—涅涅茨）自治区
④ 卡宁半岛

　　卡宁半岛处于涅涅茨自治区西部，自治区从事传统驯鹿业的居民多分布在这里，主要是涅涅茨人和科米人。卡宁半岛冻土带布满沼泽及各种苔藓植物，岛上小河密布，河流平缓；冬季气候寒冷，积雪深40～50厘米，时间长达200天；夏天是岛上最热的季节，海岸平均气温9℃。

卡宁半岛上的山都不高，也没有高大植物。夏天岛上最常见的3种颜色是绿、白、蓝：绿色的植被、白色的积雪及蓝色的河流

　　岛上有近5000人，以俄罗斯族为主，其次是涅涅茨人、科米人。卡宁在沙俄时期就成立了乡，据说当时涅涅茨人在这里正式取得了"拥有全部冻土带的权利"。目前卡宁半岛的中心镇是涅西（Несь），也是卡宁地方政府所在地。涅西有医院、学校、商店、教堂，居民主要从事捕鱼及海产品加工业。

　　主要以在卡宁冻土带上驯鹿为生的涅涅茨人是我们这次考察的重点对象。在俄罗斯欧洲北部地区的民族中，除斯拉夫语族民族外，还有卡累利阿人、维普斯人、科米人、涅涅茨人和萨阿米人（洛帕里人）等。这些民族多属欧罗巴人种，唯独涅涅茨人有些特殊。关于涅涅茨人的人种类型，在苏联由著名民族学家 Ю.В. 勃列姆列伊、Г.Е. 马尔科夫主编的权威民族学著作《民族学基础》中，出现了前后矛盾的观点。在书中"欧洲北部地区各族"部分强调："涅涅茨人属于蒙古人种。"由于涅涅茨人"居住在欧洲和西伯利亚西部辽阔的苔原和森林苔原地区"，所以该书中将有关涅涅茨人的情况放进"西伯利亚各族"部分介绍。并指出，涅涅茨人与汉蒂人、曼西人等"具有乌拉尔人种类型的特点"，同时也阐明"乌拉尔人种类型乃是蒙古人种群体与欧罗巴人种群体经过长期不断混合而形成的"[1]。通过我对所接触到的涅涅茨人的观察，我个人也认为涅涅茨人蒙古人种特征更明显一些。

在我所读到的俄语类有关涅涅茨人的资料，包括《阿尔汗格尔斯克省的萨马耶德人》（圣彼得堡，1913）、《阿尔汗格尔斯克省的驯鹿业》（阿尔汗格尔斯克，1918）、《俄罗斯欧洲部分的极北端》（彼得格勒，1919）、《卡宁冻土带》（阿尔汗格尔斯克，1930）等著述中，虽都对涅涅茨人历史文化有所涉猎，但最全面介绍涅涅茨人的历史、文化、宗教及民俗的学术著作还是哈米奇（Л.В.Хомич）著的《涅涅茨人》。哈米奇是涅涅茨人，生于1921年，曾在圣彼得堡人类学民族学博物馆工作，是历史学副博士。她曾长期在涅涅茨人中进行调查研究，收集了大量田野资料，并撰写了一系列与涅涅茨人有关的研究著作，我前面提到的研究报告《涅涅茨民族区卡宁—吉曼地区涅涅茨居民状况》就是她的研究成果。目前她已经退休，但仍然偶有著述发表。这次考察包括后来撰写考察笔记，对我帮助最大的许多资料都是通过阅读哈米奇的《涅涅茨人》获得的。

涅涅茨人主要生活在从白海到叶尼塞河的广阔冻土带。其主体部分居住在涅涅茨自治区、亚马尔—涅涅茨自治区、泰梅尔（多尔干—涅涅茨）地

---

[1] Ю.В.勃列姆列伊、Г.Е.马尔科夫主编，赵俊智译：《民族学基础》，中国社会科学出版社，1988年，第327、374页。

区，还有一部分生活在汉特—曼西自治区。据 1989 年人口统计，涅涅茨人约 3.5 万（我查了 2002 年俄罗斯最新人口统计结果，其人口有 41,320 人）[1]。

历史上涅涅茨人被俄罗斯称为萨马耶德人。事实上"萨马耶德"一词除用来称呼涅涅茨人外，还用来称呼生活在鄂毕河与叶尼塞河一带的恩茨人、恩加纳桑人及谢尔库普人。该称谓的由来至今尚未有被学界广泛认可的解释。涅涅茨人自称"涅涅茨"，其意义是"人"。其先民最早生活在南西伯利亚，6—9 世纪由于突厥人入侵，一部分涅涅茨人被迫向北迁徙至今天生活的区域。涅涅茨语属乌拉尔语系萨莫迪语族，包括冻土带与森林区两种方言，其中使用冻土带方言者占人口的 95%。苏联时期，为涅涅茨人创制了文字——1932 年是以拉丁字母为基础创制的，至 1938 年改用俄罗斯字母。当时每周出版一期涅涅茨语报纸《泰美尔》(Таймыр)，还创办了涅涅茨语广播节目，并出版了大量涅涅茨语文学作品。

18 世纪以前，在白海到叶尼塞河的冻土带驯鹿是涅涅茨人唯一的职业。18 世纪以后，俄罗斯人侵入，从涅涅茨人手里购得驯鹿，但他们通常自己不放鹿，而是租赁给贫穷的涅涅茨人帮助放牧。目前俄罗斯是世界上家养驯鹿总头数最多的国家，饲养驯鹿的主要是北方十几个小民族，包括涅涅茨人、科米人、埃文克人（在中国称鄂温克）、楚克奇人等。在各驯鹿民族中，乌拉尔语系驯鹿民族（包括莫耶德语族的涅涅茨人、恩加纳桑人、埃涅茨人、谢尔库普人和芬兰—乌戈尔语族的汉蒂人、曼西人、萨阿米人、卡累利阿人和科米—伊热姆茨人）的驯鹿头数占俄罗斯家养驯鹿总头数的 74%。根据 1926—1927 年极地地区的统计资料，他们拥有的驯鹿头数不超过总数的 54%，其中，萨莫耶德语族各民族（首先是涅涅茨人）在俄罗斯家

---

[1] 据《2002 年全俄人口普查结果》，莫斯科，2005 年。

养驯鹿中占绝对优势，现在他们的驯鹿头数接近俄罗斯驯鹿总头数的53%。

据资料所载，涅涅茨人直到20世纪初仍然保留着严格的父系氏族制度。当时有100多个氏族，在婚姻上实行氏族外婚制，婚礼模仿抢婚习俗。妻子没有离婚自由，富有的涅涅茨人会娶两三个甚至4个妻子，但要为每个妻子纳数目不菲的聘金，包括100～200头驯鹿，还有一定数量的皮毛、皮衣。聘礼不是送给新娘的父亲，而是整个氏族。新娘也要准备与聘礼等价的嫁妆，包括衣服、床具、餐具、帐篷及驯鹿等。新娘带来的驯鹿及其产下的幼仔属于新娘的个人财产，一旦离婚或丈夫亡故，这些财产归妻子个人所有。每个氏族都有属于本氏族的墓地。氏族内部有严格的规章制度，对偷盗、杀人及拒绝帮助人的行为进行惩罚。在俄罗斯人入侵之后，涅涅茨人开始在生活中使用铁器，如用铁炉子取代了过去在帐篷中的篝火，用铁制或瓷制器皿代替了木制容器，等等。

在宗教生活方面，历史上涅涅茨人主要信奉萨满教，并有职业萨满活动。多神崇拜在涅涅茨人中有影响，他们在出门打猎和捕鱼时，都要给狩猎和捕鱼业的保护神上供。18世纪开始，沙皇政府开始强力推行东正教，但涅涅茨人传统的宗教信仰并没有消失，而且仍然对其世界观及行为发生重要影响。

苏联时期在涅涅茨人聚居的地区建立了民族区，并培养了大批本民族干部、知识分子，从20世纪30年代开始，采用了集体农庄生产联合的形式，涅涅茨人的生产生活结构发生了很大变化。到1970年，其城市人口已经达到68%。

苏联解体后，卡宁冻土带上的涅涅茨人建立了以家庭协作小组为生产单位的放牧驯鹿模式。一般一个小组由若干个家庭组成，以生产协作的形式放牧鹿群，其家庭随着鹿群转场而迁移。从考察队2006年收集的资料看，卡宁半岛冻土带上共有11个家庭生产协作小组。每个小组多至9家，少则5家，主要是涅涅茨人，也有少量的科米人。

我们明天要去考察的就是第10家庭生产协作小组。

由于当地的通讯条件非常差，所以考察队寻找考察对象并不是一件容易的事。第一批队员已经来卡宁半岛两周了，但仍然有人没有找到研究目标。与第10家庭生产协作小组的联系纯属偶然：该小组组长瓦西里·伊万诺维奇在寻找走失的驯鹿的时候，找到了营地。伊高力与他谈了我们的计划，瓦西里欣然应允——在冻土带一般不会遭受拒绝。这里人烟稀少，热情的涅涅茨人更不会拒绝远方的来客。

2007 年 7 月 12 日　星期四

晚上 7 点半，我和萨沙出发了。

在夏天的北极，晚上赶路是一种好的选择：避免了白天刺眼的阳光，而且凉爽，又不会因为天黑而迷路（7 月的北极是没有黑夜的）。在北极，人少、人工性标志更少，走路主要靠人的方向辨别能力。

穿越灌木丛

灌木丛下面的"路"

  由于要先翻过一座积雪的"山坡",所以瓦尔第斯决定送我们一程。我在卡宁冻土带所见到的情况是非山即水或沼泽,似乎没有见到我想象的一望无际的牧场,而涅涅茨人就是在这样的地方饲养驯鹿的。这里所谓的"山"均不高,但却要翻过一座又一座,"山"与"山"之间是一片片的灌木丛,还有一条条小河。第一次过河时,我学着瓦尔第斯的样子脱鞋走过,但石头扎得我根本受不了。所以再过河时,干脆不脱鞋了,走了一段,我的鞋、裤脚就已经湿透了。在穿过积雪处,我几乎是手脚同时着地"爬"过去的,行李先由瓦尔第斯背着。也许是太累,我没有感觉到寒冷,只是恐惧,怕滑下去掉进沼泽。看过俄罗斯的影片《这里的黎明静悄悄》,总忘不了那位陷进沼泽的女士兵。她是一点点陷进去的，先是腿，后来剩下头，最后……其实后来涅涅茨人告诉我，卡宁半岛大部分是低地，使冻土平原变为沼泽，但冻土带即使在夏天，也只是表层融化，沼泽不会太深。

　　翻过积雪地段，瓦尔第斯就回营地了，我自己背上行李与萨沙继续赶路。背包里有睡袋、地毯、餐具及日常用品，挺沉，但与前天前往营地的路上相比已经轻松多了。令人恼火的是，我们的头上一直盘旋着一群蚊子。这群蚊子似乎从营地就跟过来，根本轰不走。由于在手上、脸上已经涂了防蚊药膏，蚊子就专咬头部。我戴上了一顶旅游帽，外加一顶毛线织的帽子，仍然挡不住蚊子的进攻，后来干脆"任蚊子宰割"。

　　最难走的是灌木丛。灌木丛齐肩高，走的时候要先用手拨开灌木才能

爬越雪坡

穿过。灌木根部枝杈纵横，稍不留神就会被绊倒。都说世上本无路，走的人多了就有了路。但在这样一个地方、这样的地理环境下，由于走的人很少，而且每个人都会有自己的选择，所以就没有固定的、被人踩出来的"路"。我不知道摔了多少跟头，仍不敢懈怠，生怕被走在前面的萨沙落下。

前面讲过，萨沙是圣彼得堡大学民族学与人类学教研室二年级学生，也是随队医生，非常勤奋、能干。他最突出的特点是有耐心，做任何事都不怕麻烦。比如在营地时他什么事情都抢着干，但准备时间却很长：劈木头时要换上工作服，包上头巾；出去打水时要穿上渔民捕鱼时穿的那种连靴裤。这次我们随涅涅茨家庭生产协作小组的调查时间不会太长，但他已全副武装：过河时立即换上高腰雨靴；穿越沼泽地时，将高腰靴换成低腰胶鞋；爬坡时，再换成旅游鞋。我感叹于他的耐心，他从医学、健康角度向我解释他的道理，同时也说明这样做的负面结果。他说他什么都要做得好，而且要一心一意，但因此要付出更多的时间和精力。比如他曾是医生，但现在上学了就必须放弃行医。他说他就是这样过来的，所以到38岁了才上大学二年级。萨沙很热心。在圣彼得堡留学的中国人有一个共同的感觉，就是圣彼得堡人"冷傲"，有"帝国情结"，但萨沙不是。这次北极考察也是我和俄罗斯人第一次如此近距离接触。由于文化差异，我们对不同问题、事物有不同的理解，但如果用一种"刻板印象"来界定一个民族或一个地区的所有人，结论肯定会有失偏颇。

在这样艰苦的条件下工作，萨沙的细致是非常必要的。

萨沙穿着一条有许多兜的工装裤，每个包里都装得鼓鼓的。路上我的电脑包挂钩坏了，他居然从里面拿出一个备用的帮我换上。但也正因为他拿了太多的东西，走路很费劲。我们遇到了一处较高、较陡的山坡，背着包很难翻过。萨沙先把他的东西放下，然后背着我的行李与我翻过山，让我在河边等，他再回去取他的东西。我等了一刻钟也不见他的动静，急得大喊"萨沙"、"萨沙"。没有任何回音，我真是紧张极了——在这空旷而陌生的荒野里，我一个人在一个杳无人迹的夜晚（尽管是白昼）——在极度恐惧中，倒不觉得累了。我又翻过山去找萨沙。原来，他的行李太沉了（后来知道里面有斧头、帐篷及药箱），他一个人根本没有能力搬过来，我们俩连拖带拽，才把那重重的大旅行包及箱子搬过山来。

我们艰难行进。萨沙不时用望远镜找寻方向。他已经在生产小组里调查了几天，后来为去接应我们回到了营地。他说这次走的是一条新路，比他们第一次去时要少走两公里，但路却难走多了。

萨沙

2007年7月13日　星期五

　　早晨6点半，经过11个小时的长途跋涉，终于到达了目的地。

　　我们上了一处高地，萨沙说这就是第10家庭生产小组扎营的地方，可是那里什么都没有。起雾了，周围什么也看不见。萨沙说，我们先吃饭，休息一下，等雾散了再去寻找。

　　我们开始拾柴点火烧饭。在卡宁半岛，不愁找不到作为燃料的木头。萨沙从旅行袋里取出斧子把木头劈成一块一块的，并拿出了随身带的桦树皮——这太重要了。早晨有雾，有露水，木头发潮，难以点燃，有了桦树皮就好办了。燃起篝火后，萨沙找出小铁锅煮了茶，我们就在那里开伙了。我们的早餐很简单：饼干、巧克力、热茶。

　　吃过饭，雾还没有散去。往四周看去，到处是白茫茫的一片。萨沙说，这里要靠眼睛辨别方向。卡宁的大雾是很有名的，但给当地人带来许多不便。根据萨沙的经验，这雾不会延续太长时间。

　　走了一夜的路，浑身都是湿漉漉的。经火一烤，又吃了些东西，感觉暖和了，也有了困意。萨沙建议先休息。

　　地毯和睡袋是随身携带的。似乎要下雨，萨沙把一块防水帆布交给我，让我盖在睡袋上——他的旅行袋真是"百宝箱"，应有尽有。

　　睡了不知多久。醒来时天是蓝的，但往远处看仍是白雾茫茫。

　　萨沙也醒了。他一脸歉疚。我劝慰他——大不了顺原路回去。但心里却在想：是否有力量走回去？

2007年7月13日 星期五

远处的雾仍未散去，我们就在山顶上"扎营"休息

　　如果不是亲临，我不会想到人类会选择在如此恶劣的生存环境下栖息。涅涅茨人是被逐渐排挤到卡宁半岛的。他们来到这样一个与世隔绝的地方，希望从此不再为外界侵扰……

　　雾终于散尽了。萨沙开始顺着驯鹿走过的踪迹寻找。他翻过一座坡，在一处与我们休息的地方非常相似的高坡上仔细观察后说，那里才是涅涅茨人驻扎过的地方。坡上有燃过篝火的痕迹，还有丢在地上的鹿角，用来取火的木柴也被堆放得整整齐齐。

　　萨沙说，一定是牧民们已经转场了。他拿出对讲机与我们的营地联系。果然如此。与我们同一小组的芭莉娜和奥莉佳没有随牧民转场，而是

095

已经回到了营地。

我们计划点火做饭，然后循着驯鹿的踪迹追赶涅涅茨人。萨沙说涅涅茨人与他讲过，他们每次转场扎营的地方通常相距 10～15 公里。

我们吃饭的时候，突然听到狗叫。我们站起来眺望，远远的，看见驾着雪橇的牧民向我们这边驰来。

我们终于见到人了！

两架雪橇，两只狗，八头驯鹿，两位涅涅茨人。他们正是去放鹿的涅涅茨牧民，而且是第 10 家庭生产协作小组的成员。

由于萨沙已经在那里调查过几天，所以一眼认出了来者。两位涅涅茨

有两架雪橇在附近停了下来

人一胖一瘦，性格差异很大。走在前面的叫巴维尔，40多岁的样子。他穿着鹿皮缝制的、长及膝盖的袍子，用皮带束腰，头上除戴着帽子外，还用一块布把脖子遮得严严实实以防御蚊虫叮咬。他热情地与我们打招呼，俄语讲得非常流利。我问他的涅涅茨语是否与俄语说得一样好？他说涅涅茨人一般都能讲俄语，但在家通常讲涅涅茨语。他上学时学校是用俄语授课，而与外人接触也常用俄语。他善谈而幽默，问了我许多问题，还说我是第一个到冻土带的中国人。他说涅涅茨人被称为"Маленький"（小的），他说这句话时站过来与我比个子——比我矮半个头。另一位涅涅茨人个子也不高，很腼腆。我们在谈话时，他一直在旁边听着，一句话也不说。

巴维尔是我在卡宁半岛见到的第一个涅涅茨人

巴维尔要去牧场放鹿。这个家庭生产协作小组由7家组成，有6000头驯鹿，每家出一个男人（他家是两位，因他的哥哥瓦西里是小组负责人——多巧！与送我们来卡宁半岛的渔民瓦西里同名）放鹿，采取轮流值班放牧制，每班两人，共4班，每班值班时间是24小时。

巴维尔要我们在这里等候，他会告诉从牧场返回的牧人路过时接我们一起去营地。

大约晚上10点半左右，巴维尔的哥哥瓦西里与一位牧民来了。

巴维尔的哥哥瓦西里（左）与另外一位涅涅茨人牧鹿归来

我们请牧人们坐下来喝茶、聊天。与巴维尔相比，当哥哥的瓦西里要内向、沉稳多了。他穿着一套军人"迷彩服"，头上同样用一块缝制的布包裹着，只露出脸部。他说这个季节转场很频繁，他们这个家庭生产协作小组昨天刚刚迁到距离这里8公里左右的新营地，因为这里用水不太方便。但鹿群目前还在原处。

作为第10家庭生产协作小组的负责人，瓦西里负责组织转场、放牧人员安排等事宜。他说，苏联解体后，过去的集体农庄也都解散了，卡宁半岛冻土带的涅涅茨人根据自愿原则组织了11个家庭生产协作小组。一个家庭生产协作小组组成一个游牧营地，彼此协作，互相帮助。他负责的这个小组的7个家庭都是涅涅茨人，其他小组有由涅涅茨人和科米人共同组成的，如第3组、第7组甚至以科米人家居多，但整个冻土带的驯鹿人还是以涅涅茨人为主。科米人属于俄罗斯北部地区少数民族，约30万人，主要分布在与涅涅茨自治区毗邻的科米共和国，牧养驯鹿也是该民族的传统生计方式。问及瓦西里是否有俄罗斯人从事牧养驯鹿这个问题时，瓦西里笑曰：他们喜欢吃鹿肉。

坐了近一个小时，我们准备出发。由于只有两架雪橇，承载力有限，所以萨沙只能徒步前往游牧营地。瓦西里让我坐在他的雪橇上，把萨沙和我的行李放在另一架雪橇上。雪橇是木制的，高约50厘米，车身很长，像一条小船的形状，前身从上到下呈弧状。一架雪橇通常由4头鹿牵引。在泥泞的灌木丛和沼泽地带，雪橇驶起来如履平地。特别是经过灌木丛时，驯鹿的长腿正好与灌木的高度相当，而车身则可以在灌木上面轻快"飞"过。上坡、下坡时，车前部的弧形设置正好起到了缓冲的作用，所以坐在雪橇上面虽然颠簸，但车身始终是平稳的。

北极民族学察笔记

我坐上瓦西里的雪橇，与之一同前往他所在的涅涅茨人驻地

　　我一直以为所谓"雪橇"只能在雪地中滑行。瓦西里讲冬天在厚厚的积雪上，雪橇行驶速度更快。牧人们就是靠这样的交通工具在冻土带行走自如，包括放牧、购物、走亲戚都用雪橇。转场时，雪橇载着全部家当。

　　"这雪橇真是比汽车还好！"听到我的感叹，瓦西里说，在冻土带，夏天汽车根本进不来；冬天封冻时，偶尔有汽车来，但非常少。他说过去集体农庄时，牧民只放牧，其他都由集体负责。现在他是生产组长，要负责鹿肉、鹿皮的销售。冻土带与外界联系少，这些东西运不出去。特别是去年，由于是暖冬，鹿肉存放出现了问题。他说他们生活的地方没有电，没有冰箱，大自然就是最好的储存室。他担心今年冬天还会是暖冬，所以希望能够有人帮助他搞销售。他说他知道中国人喜欢鹿茸，只是太远了，而在冻土带鹿茸根本不值钱。

鹿拉着雪橇轻快地奔跑着，期间瓦西里两次停下雪橇，让驯鹿吃草、喝水。我们的头上、鹿的身边都盘旋着一群蚊子，鹿烦躁地甩着尾巴，但丝毫不起作用。瓦西里似乎已经习惯了蚊子的侵袭，只是专注地用放牧驯鹿的长竿不时戳一下鹿的尾部，并发出"嘀"、"嘀"的声音。下坡、上坡时，他就跳下来，追着雪橇跑，以减轻鹿的压力。

四周静悄悄的，已经是半夜了，橙红色的太阳还挂在地平线上。四周是低矮的山，放眼望去，是无尽的绿色。空气清新、纯净，有淡淡的草香。我沉浸在一种恬淡的遐想中。瓦西里说，涅涅茨人最大的财富是自由。是啊，他们在这样美丽辽阔的地方驾鹿驰骋，每个家庭生产协作小组根据个人意愿组成，近则亲疏则远，没有人为的压力与矛盾，他们的心是自由的。

虽已是半夜，北极的太阳仍然挂在地平线上

我们终于到了游牧营地。

展现在我们眼前的,是油画般的田园风光:落日的余晖,烟囱冒出的缕缕青烟,妇女们忙碌的身影,还有转来转去、毫不顾忌生人的悠闲的狗……而我,即将与涅涅茨人"零距离"接触,进入此次考察的正题并融为这自然美景的一部分。想到此,一路上的艰辛劳累似乎一下子都烟消云散了。

涅涅茨人的营地总是坐落在他们所选择地方的最高处,附近一定要有水塘以满足淡水供应。帐篷之间一般相隔5~10米。通常一家人住在一个帐篷里,睡觉时用布隔出一个个空间。家里来客人时,就在大帐篷边上为客人挂一顶小的布帐篷。

我们进了瓦西里家。

远处是涅涅茨人的驻地

2007年7月13日 星期五

驻地近景

涅涅茨人的帐篷直接建在地面上，没有地毯、木板等铺垫，室内陈设非常简单

帐篷里陈设非常简单，约 20 平方米左右的空间（附近其他涅涅茨人家的帐篷比他家的要小）。地上像室外一样长着草，只是在睡觉的一侧铺着鹿皮。帐篷中间是铁制的炉子，烟囱通向室外，里面的木头熊熊燃烧。今天瓦西里家有 3 个人：他、姐姐、母亲。母亲已经 80 多岁了，屋里屋外忙着。姐姐莉玛在炉子上烤制面包。她和好面，装入一个模具中制成长方形，然后放在炉盖上烤熟。炉子上放着锅，里面煮着鹿肉，水已经开了，屋子里飘着肉香及烤面包的香味。开饭了，有鹿肉、鹿肉汤及面包、黄油。鹿肉是清煮的，可蘸着盐吃。瓦西里的母亲从外面采来些野葱，放在肉汤里，很爽口。吃饭时，莉玛在每个人桌前摆上茶杯，茶杯是放在小盘子上的。烧水壶里已经煮好了滚热的浓茶，莉玛将茶水倒在每个人的茶杯中，喝的时候先在杯中加些糖，搅拌后再将杯中的水倒在小盘子里，最后用小盘子喝。我问主人我可不可以按照我的习惯直接用杯子喝，回答说当然可以。

饭后大家聊天，话题很广，从成吉思汗到俄罗斯再到中国。我问瓦西里，这里没有电视，也没见报纸，对于外面的事情他是怎么知道的。他说上学时学过很多东西。另外在冻土带可以听收音机，有时候也可以看到报纸。瓦西里的母亲问我为什么来这里？以前知道涅涅茨人吗？我说了来卡宁的原因，并将自己从书本上了解的有关涅涅茨人的记载说给她听。她说书上说得不对，涅涅茨人从来都是生活在冻土带上，从没离开过，也不是从外面迁来的，他们是这里的主人。

我发现涅涅茨人不仅与我们说话时用俄语，即使他们自己用本民族语言聊天时，俄语的使用率也非常高。最重要的是，他们的名字几乎都是"俄罗斯式"的。瓦西里解释说，如果家里只有涅涅茨人时，还是主要使用本民

铁炉子是涅涅茨人取暖、烧水、做饭的地方。过去直接在室中央燃起篝火，与俄罗斯人接触后，开始使用铁制品。这是瓦西里的妹妹莉玛在烤制面包

族语言交流。但由于讲涅涅茨语的人太少，而他们的孩子在外面读书，也都说俄语，平日住校，回家的时候少，即使回来也愿意说俄语，所以家里人也就随着孩子说俄语。我问他是什么时候开始使用俄语的，他说他上学前就在父母跟前学会了俄语，到二年级时已经能非常流利地使用俄语了。

在俄罗斯，俄语得到了最广泛的普及。按照著名民族学家、俄罗斯科学院民族学与人类学研究所所长季什科夫的观点，如今俄语已经不仅是俄罗斯族人的母语，也是千百万其他民族公民的母语。许多其他民族选择（有时是自愿的，有时是被迫的）俄语，有利于俄语的发展，掌握俄语有利于生活在同一个国家的人们拥有更大的社会和空间机动性，有助于更广泛地

北极民族学察笔记

瓦西里的母亲在清理帐篷外的杂物

吸收世界文化精华，有助于国际范围内更广泛的合作。鉴于俄罗斯俄语被各族人民普遍使用的实际及其现实意义，季什科夫指出，在新的民主条件下，应当废除一些旧的理论，语言的消失并不代表民族性的消失，世界上有许多民族讲"异族"的语言，但并没有因此而放弃自己民族的自我认同。

不要强调俄语只是俄罗斯人的母语，也不应当把与父母一方或双方民族属性相符的语言看做母语，而应当把一个人的第一语言，包括在家使用的语言看做母语。在俄罗斯确实存在这样的情况，即在人口普查时，许多父母代替孩子登记的母语是他们的民族语，事实上这些孩子也许只会讲俄语，对他们父母的民族语言一点也不懂。瓦西里告诉我，住在城市里的涅涅茨人的孩子因为从小使用俄语，有些人已不会说本民族的语言，但别人仍然认为他们不一样，因为他们的相貌和俄罗斯人差别很大。

直到凌晨3点才休息。我的帐篷搭在两家涅涅茨人帐篷中间，而萨沙就住在瓦西里家帐篷外为客人专门挂起来的布帐篷里。正值暑假，与我相邻的涅涅茨人家的侄子来这里做客，于是几个孩子聚在临时搭出的小帐篷里嬉闹。冻土带上的涅涅茨人似乎是没有秘密的，帐篷很小，大家的活动空间都在室外，彼此都清楚对方在干什么，甚至连房子里稍微大声说的话别人也能够听得到。

2007年7月14日 星期六

早晨起来已经近10点。瓦西里的母亲早就起来了。她穿着用鹿皮缝制的衣服，戴着同样质地的帽子。这种衣服没有扣子，对襟，腰间系一条腰带。这是涅涅茨人的传统服装，通常用整块鹿皮缝制而成，毛里皮面，男人们会在腰带上别着短刀及熊牙等饰品。

已经是上午10点，但仍然很冷。瓦西里母亲穿着用鹿皮缝制的传统民族服装在拾柴

在帐篷前忙碌的主要是妇女，她们拾柴，或到水塘中取水。附近不远处一群鹿在悠闲地吃草——这是我到北极后看到的数量最大的鹿群，有几百头之多。但瓦西里告诉我，这些鹿只是用来运输的，大群的驯鹿是在牧场。

涅涅茨人驻地没有厕所。瓦西里母亲让我往远处走，到别人看不见的地方就可以随地"解决问题"。但由于营地恰恰建在高处，所以我已经走出很远了，还是能够看到营地帐篷冒出的青烟。好在这时莉玛也出来了，她在离我不远的地方蹲下去，于是我知道自己也不需要再往远处走了。

这些鹿牧放在涅涅茨人的驻地周围，被他们称为"工作鹿"，即用来运输物品、载人及为搬迁所需要的鹿，更多的鹿则在牧场上

2007年7月14日 星期六

接着去水塘洗漱。水塘在"厕所"的另一个方向,走到那里大约用了十几分钟。几个涅涅茨儿童在水边戏耍,看见我过来,一个小女孩主动为我拎水桶。她在小学读书,用俄语跟我交谈,而另外两个尚未上学的孩子,则不太会讲俄语。

吃过"早饭",我与萨沙到涅涅茨人家送药。

每个见到萨沙的人都与他打招呼,当然我也是被关注的对象。这里的涅涅茨人看上去非常平和,热情接待我们,端上茶水、糖,并请我们用餐。萨沙把药装在一个个小袋子里,分别交到每一家的女主人手里,并耐心讲明每一种药的用途。这些药都是常备药。这里出去看病很不方便,最近的医院是在卡宁政府所在地涅西(Несь)。所以萨沙带来的药对当地人来

涅涅茨儿童

讲还是非常必要的。圣彼得堡大学从去年开始来这里考察，他们知道当地人最需要什么，所以在经费计划中列入了买药一项。我认为这个经验值得我们学习。作为民族学学者，我们每年都到民族地区考察，但我们在不断索取资料的过程中，是否也能够考虑为地方做一些最实际的事情？！当然我们希望我们的研究结果能够为所研究地区带来益处，但似乎这样的理想总是停留在我们论证课题的"意义"栏中，成果的最直接作用，就是成为我们获得职称、待遇、职务的"硬性指标"。也许我们应该学习俄罗斯的民族学者，看病、送药并不是什么大事，但我们既然暂时没有能力实现宏伟蓝图，那不如就从小事做起，最起码不要让我们的田野工作给人留下"扰民"的印象。

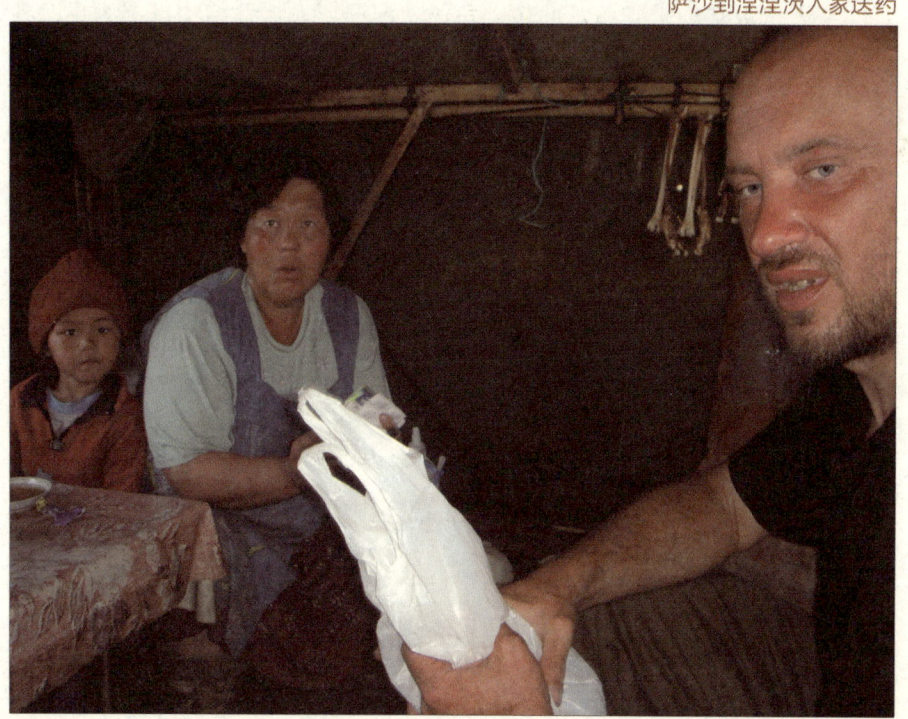

萨沙到涅涅茨人家送药

这里的涅涅茨人家庭结构多样化，如我们去的这几家，瓦西里家是兄弟姐妹5个（均未婚）与母亲住在一起，另外一家由姐弟组成，还有一家是由母子组成。人口最多的一个家庭是夫妻二人与三儿三女一起，大女儿已经20岁了，在家帮母亲做家务。其他子女多在上学，平日住校，现在是假期，都待在家里。由于涅涅茨人流动的生活方式，学生上学只能是寄宿。在涅西及绍伊纳镇均有寄宿制学校，涅涅茨人的子女多在那里读书。

中午，瓦西里叫我们去他家吃饭。瓦西里的另一个妹妹奥莉娅也回来了。她昨天晚上在外面捕了一晚上的鱼，今天早晨才回来。涅涅茨人除养鹿外，捕鱼、打猎均是其生活的重要补充。卡宁半岛河流密布，抓几条鱼回来吃并不是件难事。奥莉娅带回来的是北极白鱼，这种鱼在冻土带的河流里经常能够看到。

今天午饭吃的是煮鱼、面包、鱼汤。涅涅茨人饮食结构以肉为主，各种肉均煮食，醮盐吃或将盐直接放入汤里，很少用调料。

吃饭时瓦西里说下午转场。

吃完饭，大家开始收拾东西。莉娜将帐篷里的被子、衣服及所有生活用具拿到停在门外的雪橇上，而瓦西里母亲则将周围地上丢弃的东西都捡起来，不能带走的东西就烧掉，燃剩的木柴也都整整齐齐堆放在一起。今年他们不会再到这个地方建游牧营地了，但明年还会来。涅涅茨牧民年复一年，根据季节变化循环往复，沿着固定的路线流动。他们的生活与环境紧密联系，他们也在与自然和谐共处的过程中形成了自觉的环保意识，努力将对大自然的污染降到最低。

东西收拾好后，大家一起迅速拆除帐篷，整个过程也就半个小时。卡宁半岛上涅涅茨人住的帐篷与另一个涅涅茨人聚居区亚马尔半岛不同。在

2007年7月14日 星期六

转场前，瓦西里母亲将燃剩的木柴及鹿茸等杂物整整齐齐码放在一起

亚马尔半岛，涅涅茨人通常住一种用枞树干做骨架、外覆鹿皮的圆锥形帐篷。而卡宁半岛涅涅茨人的帐篷是长方形的，四面的直角框架用铁制成，可折叠，外面包以帆布。主体构架是两根可以弯曲的长铁条，彼此交叉支成屋顶，4个头固定在直角框架的4个角上。主体框架外面铺盖的帆布上面有一个小窗子、一个烟囱口。帐篷拆卸后，可将其折叠放在雪橇上。

瓦西里和奥莉娅没有动手拆卸帐篷，而是去参加另一项集体活动——圈鹿。转场时，劳动是有分工的，除两位在外放鹿的牧人负责鹿群外，其他每个人都要参与各种劳动，包括老人、孩子。

将拆卸下来的帐篷放在雪橇上

所谓圈鹿，就是将在游牧营地附近的鹿群集中起来。这些"工作鹿"除用于牧民日常的交通外，转牧时则是主要的运输工具。大家用绳子围成一个圈，将鹿围在中间。有些鹿跑出去，在圈子周围看护的狗就会立即追出去拦截，强迫鹿回到圈子中。牧人也会拿着绳子去套鹿。套鹿的绳子很结实，而且比一般绳子要柔软，目的是为了适应冬季的严寒。牧人将绳子制成套圈，甩出去，套住奔跑的驯鹿。瓦西里虽然已近60岁了，但他跑起来套鹿的动作仍非常敏捷。

鹿圈起来了，接着开始给每个家庭分配鹿。转场时，每个家庭组成一

瓦西里是套鹿能手，这只跑出围栏的鹿被他牵着乖乖返回原地

转场前，牧民要将拉雪橇的鹿围圈在一起，之后分派到每一个家庭，以作运输之用

牧民们在套鹿

每个家庭将分得的驯鹿分批牵至自己的家中以作为转场的运载工具

个"方队",载着自家的东西随大部队前行。如瓦西里家6口人,每人带4架雪橇,每架雪橇由4～5头鹿牵引,组成一个有24架雪橇的"方队"。瓦西里的母亲已经80多岁了,但仍娴熟地驾驭着雪橇,丝毫不比年轻人逊色。在冻土带的涅涅茨人中,无论是老人,还是孩子,都有一份必须分担的责任。比如圈鹿时,没有人旁观,每个人都是参与者。当你看到一个六七岁甚至更小的孩子牵着鹿吃力前行的时候,这对于在衣食无忧的现代化城市中生活的人来说是不可想象的;在转场途中,一个10岁的孩子就要驾驭数架雪橇。我在查阅中文网站有关涅涅茨人的材料时,常常是失望的。一个人口如此少、居住又如此偏僻的民族很难被关注。但我在网址是

北极民族学考察笔记

老人、孩子都是重要的劳动力

http://blog.sina.com.cn/mengning 的博客里，读到了一篇有关涅涅茨儿童的文字，感觉很真实。文中记述了这样一个故事：

由于生活条件艰苦，涅涅茨人从小就要学习包括放牧在内的各种生活技能，自然条件和后天的训练锻造了这个民族强悍的体魄和坚韧的性格。

有一天，一个七八岁的小涅涅茨人的父亲对他说："你已经长大了，要成为一个真正的男子汉，你要独自去看守鹿群。"深夜，小涅涅茨人一个人守在帐篷里，看守着几百头的鹿群。周围的狼嚎没有让他胆怯，但是困倦却是一个幼小的身体无法抵挡的。第二天早上，父亲将小涅涅茨人摇醒，原来他睡着的时候，野狼不仅杀死了一头驯鹿，还将整个鹿群冲得无影无踪。"这全是你的错，你要把鹿群找回来。"小涅涅茨人爬起来，揉揉眼睛，一声不吭地上路了。

在妈妈担忧的目光中，小涅涅茨拴好小雪橇，带上自己的小狗，消失在茫茫的冰天雪地之中。涅涅茨人有超凡的方向辨别能力，即使在漫天的暴风雪里，他们也不需要任何的器材就可能找到正确的方向。小涅涅茨人跌倒了又爬起来，他知道在这里休息就再也醒不过来了。根据驯鹿留下的粪便，小涅涅茨人终于在几天之后找到了鹿群。

夏天在慢慢地靠近，由于涅涅茨人的营地是建在冰层上的，所以他们必须向北迁移了。小涅涅茨人正赶着鹿群在回家的路上，但他不知道族人们已经离开原来的地方。小涅涅茨人面临着新的考验。成功后的喜悦并没有麻痹他冷静面对自然的敏锐，按着父母留下的标记，小涅涅茨人用自己的智慧和勇气再次完成了不可能的任务。

"你已经成为真正的男子汉了！"在一家人围在一起用可爱的小刀分食鱼肉的晚餐上，爸爸自豪地宣布。小涅涅人终于露出了胜利却腼腆的微笑。

119

这个故事不是天方夜谭。它所描述的内容是那样接近涅涅茨人的生活习性与民俗。人的勇气和能力（包括智慧）是在生活中积淀出来的。用我们的标准来看，涅涅茨人的物质文化并不十分丰富，但其适应游动生活方式和艰难自然条件的程度令人惊叹不已。日常生活用品少得不能再少了，几十架雪橇、一顶20平方米的帐篷就能装下全部家当。对涅涅茨人而言，生命的意义就在于迁徙：夏季随着鹿群迁到海岸，冬季向南迁徙。真是"驯鹿在迁徙中膘肥体壮，牧人在流荡中饱经风霜"。他们在与世隔绝的冻土带，固守着自己的文化。驯鹿在他们的生活中占据重要的地位：他们吃驯鹿的肉，喝驯鹿的血，穿驯鹿皮做的衣服，坐驯鹿拉的雪橇……从摇篮到坟墓，都和驯鹿为伴，以迁徙为本。

今天，我也将随着涅涅茨人，参加这对于我而言是如此罕见，但涅涅茨人则习以为常的转场迁徙。

迁徙大军出发的时候，已经是傍晚了。

一共是7个方队，近200架雪橇，浩浩荡荡的队伍一眼望不到头。瓦西里走在最前头。路颠荡不平，牧人们不时需要从车上跳下来调整鹿队的速度和方向。他们拿着驯鹿的长竿，戳着驯鹿的尾部。年轻人特别是那些少年驭鹿者是队伍中最活跃的因素——他们站在雪橇上，嘴里发出各种声音指挥驯鹿前行。每一支方队里，都有数只狗跑上跑下。狗在涅涅茨人的生活中是不可缺少的，专门驯养的猎犬帮助牧人看护鹿群，并能防御其他野兽的侵扰。我曾问过瓦西里家狗的数量，他自己也回答不出来。我看到的是13只，但今天享受"坐雪橇"的小狗中，又增加了两只新成员，虎头虎脑的，特别可爱。

我被安排在瓦西里的妹妹奥莉娅的雪橇上。奥莉娅豪爽、直率，说话

2007年7月14日 星期六

浩浩荡荡的转场队伍一眼望不到头

121

北极民族考察笔记

转场队伍在过河

嗓门很高。她与瓦西里另外一个妹妹莉玛不同，莉玛喜欢在家做饭、理家，而奥莉娅则愿意也擅长做外面的活。昨天她就一个人驾着雪橇去捕鱼；今天圈鹿的时候，她也是场上最能干的女性。我问她在冻土带男女有分工吗？她回答，冻土带的女人除了不能出去放鹿外，其他什么都能干。我问她这是为什么？在涅涅茨人生活中放鹿可是最重要的内容，女人不放鹿是否就是因为女人地位不如男性？她说这是传统，很多年了，人们就是这样过来的。其实放鹿是最辛苦的劳动，有男人，女人就不该干最累的活。

与奥莉娅在一起真是很放松，也很开心。她会纠正我讲俄语时不正确的发音及错误，之后会给予我很善意并真诚的鼓励。她说她对冻土带上的生活非常满意。冻土带是涅涅茨人的，这里很广阔，永远不会有烦恼。她说她中

豪爽的奥莉娅

学时学习很好，她的同学有些出去读大学了，但她回来了，她还是喜欢冻土带上无拘无束的生活。我说你从早忙到晚不累吗？她说，人就是要干活，妈妈都80多岁了，什么都干。涅涅茨人爱劳动，做什么都不觉得苦。

车队走走停停，这期间要照顾驯鹿喝水、吃草。而且路很难走，上山、下山、过河。瓦西里是整个流动大军的核心。他不太爱说话，但他的行为就是"指挥棒"：他停下时，人们即刻喝令驯鹿止步；他的鹿车行动了，其他人立即跟上去。

大约过了3个多小时，在一处有水源的高地上，牧人们停了下来，开

瓦西里的母亲虽然 80 多岁了，但她驾驭雪橇的水平丝毫不逊于年轻人

始安营扎寨。仍然是以瓦西里家为中心，每个家庭找到一块属于自己的地方，卸下雪橇上的东西。首先是搭建帐篷。今天有风，搭建帐篷时邻居尤里也来帮忙了。整个搭建程序是先将四面直角框架固定住，之后由 4 个人各拿长铁条的一头，在顶部交叉，并将 4 个头各固定在四面框架的直角处，最后将帆布铺盖上。不到半个小时，又立起了一个"家"。我问奥莉娅，冬天帐篷外是否要铺上鹿皮？她说不需要。这样的帐篷冬天住虽然会冷，但很舒服，在帐篷里多铺盖些鹿皮就可以了。

帐篷建好后要做的第一件事，就是把炉子支在屋中央，并将烟囱从帐篷顶部预留的口中穿出去。莉玛很快点着炉火，屋子暖起来了。她开始烧

瓦西里（中间站立者）是转场队伍的总负责人。他指挥牧民们在一个有水塘的地方停下来建立营地

不到半个小时，瓦西里家的帐篷就搭建起来

一个新的涅涅茨人营地出现在晚霞中的卡宁冻土带上

水、做饭,其他人负责将所有生活用品归置好。

  我参加了瓦西里一家的整个转场过程,并与涅涅茨人一起承担作为其中一员所该承担的责任。瓦西里的母亲对此很高兴,她拿起桶唤我与她一起到水塘打水。水塘距帐篷只有 50 米左右。瓦西里的母亲打了满满一桶水,走起来很快。而我的桶里虽只装了半桶水,却很吃力地跟在她的后面。瓦西里的母亲边走边对我说,这回中国人也知道涅涅茨人了,别忘了告诉他们你和老奶奶去打水了。我说不会忘,我会告诉他们老奶奶很健康、很善良,而且还很能干。

2007 年 7 月 15 日　星期日

在北极冻土带，我的生物钟完全混乱了。这里没有电，也没有什么休闲活动，似乎这些东西也不被需要。不断地迁徙，已经消耗了涅涅茨人太多的心力和体力。

昨天由于转场，吃过晚饭已经是凌晨 2 点了，天仍是亮的。虽然劳累了一天，瓦西里一家人丝毫没有休息的意思。他们坐在帐篷里聊天。由于下雨，气温骤降，估计在 0℃以下。帐篷中炉火烧得很旺，炉盖上的茶壶冒着热气。瓦西里一家喝茶、聊天，其乐融融，享受着亲情带给他们的幸福与宁静。

瓦西里的母亲记不得自己的确切年龄，后来我问了奥莉娅，说是 1923 年生人，84 岁。子女对她都很孝顺。但她最发愁的事情就是 7 个孩子中只有两个结婚了，其余 5 个均未婚。

1975 年她老伴去世，至今已有 32 年。她一个人将孩子们拉扯大。她有三儿四女：大儿子瓦西里是家里的核心，未曾结婚，一直与母亲生活在一起；大女儿出嫁在外，做过教师，如今在阿尔汗格尔斯克做记者的儿子家生活——就是在阿尔汗格尔斯克机场请考察队帮忙捎东西到卡宁半岛的涅涅茨妇女；三女儿也出嫁了，目前在农区生活。今年暑假，三女儿将儿子尤拉送到外婆这里。尤拉虽然在农区长大，但他对牧区生活很熟悉，也很喜欢，每到假期就要求到外婆家里。他像冻土带涅涅茨牧鹿人家的子女一样，非常勤快。昨天巴维尔去放鹿，他代替舅舅驾驭 4 架雪橇迁移。按照涅涅茨人的习惯，子女结婚后要分出去过，而结婚前则随父母生活。这样，没有结婚的5个孩子——大儿子瓦西里、二儿子瓦洛佳、三儿子巴维尔及二女儿奥莉娅、四女儿莉玛均与母亲一起生活。

他们为什么没有结婚？这个话题我没有问。也许他们与外界接触的机会太少了？他们生活的圈子，主要是家庭，是协作小组。比如奥莉娅，曾经在外面上学，但一毕业就回来了，一天从早忙到晚，基本上不与家庭之外的人交往。

瓦西里一家差不多聊到凌晨3点多才睡觉。当我上午10点起床时，一家人已经在忙碌了。由于夜里下雨了，莉玛将帐篷里的衣服、鹿皮褥子等拿出来晾晒。母亲又去采野葱了，奥莉娅在离帐篷10米远的地方点起一堆篝火，架上锅，正在收拾几只野雁，莉玛晾完衣服后也来帮忙。今天早晨

由于席地而卧，所以妇女们每天的一项重要工作，就是将被褥拿到雪橇上晾晒

邻居去打猎，将猎物分给瓦西里家一些。在冻土带，打猎、捕鱼是生活的重要补充，而获取猎物的家庭往往与邻里亲属共同分享。

奥莉娅问我动物内脏如何做才好吃。她说她知道这些东西能吃，但不知道怎样做。我说可以切好后炒熟。她找来一个铁盆（涅涅茨人是没有炒勺的），按我说的放了些油，把切好的野雁内脏放进去搅拌——等炒熟时都成黑的了，吃起来是苦的。

瓦西里牵着一只狗，满脸严肃地走了。在这个家里，你能够感受到男性的权威。男人是不会做饭的，吃饭时由女人端饭、倒茶，而且一定先端给男性，即使家里唯一的第三代人尤拉，也会先得到茶，之后才是外祖母。

二儿子瓦洛佳在制作雪橇。瓦洛佳不爱说话，但手巧，家里的雪橇坏了都是由他修。今天一架雪橇的底架坏了，所以他将一根长木用刨子削薄，把旧的换下来。昨天一起聊天时，我说瓦洛佳长得有些像我在内蒙古成吉思汗陵看到的成吉思汗的雕像。当时他没有吭声，只是憨厚地笑。今天他又问我："我真的像成吉思汗吗？"我说你喜欢他吗？他说那是个大英雄！这时候奥莉娅走过来，听我们说成吉思汗，就对着瓦洛佳喊"成吉思汗"、"成吉思汗"。瓦洛佳还是笑着不吭声，但脸上挂着骄傲的神情。

于是我们开始谈成吉思汗。瓦洛佳说在上学时知道了成吉思汗，是俄罗斯老师在课堂上讲的。他说老师讲的成吉思汗是入侵者，但我们认为他是一个伟大的人。从历史上看，蒙古人与俄罗斯人曾经有过非常密切的关系。曾经有俄罗斯人说："没有蒙古人，我们会更漂亮。"蒙古人对俄罗斯人的进攻始于1223年。1243年，拔都在伏尔加河下游建立了金帐汗国。开始时俄罗斯人和金帐汗国之间维持着朝贡关系，可这种松散的间接统治获得的利益毕竟有限。这时蒙古人在华北和中亚等地开始模仿各国旧制，派

北极民族学考察笔记

瓦洛佳在制作雪橇

达鲁花赤对民众直接管理征税，获利巨大，这促使金帐汗国统治者也试图把这套制度移植入俄罗斯。1257 年，敌视基督教的别儿哥继位后开始在俄罗斯推行类似其他征服地区的"八思哈"制度，向每一个城市派驻蒙古人达鲁花赤；同时清点户口，准备派遣蒙古人和突厥人担任万户长、千户长、百户长和十户长，以期对俄罗斯人严密控制。这些措施遭到俄罗斯贵族和平民的一致反对，比如诺夫哥罗德大公虽然镇压了反蒙古的暴乱向金帐汗示好，但严拒蒙古官员入城。由于反抗风起云涌，难以遏止，13 世纪末，金帐汗只得放弃"八思哈"制度，也不再用蒙古官员征收贡赋，改为委托俄罗斯王公代为征收。此后蒙古人对俄罗斯的控制能力变得非常微弱，俄罗斯诸邦事实上只是金帐汗国的属国。1388年，脱脱迷失和帖木儿之间爆发战争，俄罗斯人站在帖木儿一边。脱脱迷失战败后，俄罗斯人于1495年趁机正式废除朝贡。15世纪开始俄罗斯在军事上已经逐渐强大起来，伊凡三世积极引进欧洲先进技术，尤其是意大利铸炮商德博西斯帮伊凡组建了第一支炮兵部队，对蒙古转守为攻，彻底摆脱了蒙古人的统治。金帐汗国的蒙古人后裔——鞑靼人也融入俄罗斯社会。俄罗斯有句谚语："如果深究俄罗斯人，就会出现鞑靼人。"蒙古—鞑靼人对于俄罗斯民族的影响是极其深远的，以至于形成了这样的观点：俄罗斯人是西方的东方人，是东方的西方人。

无论俄罗斯人怎么看蒙古人，但我所接触的涅涅茨人，他们将成吉思汗视为大英雄，以自己"像蒙古人"而骄傲！

下午3点左右，巴维尔过来与我打招呼。"早安！"——他说。我笑着请他先问问现在几点钟了。他说刚起床就要道早安。他从前天晚上到昨天晚上一直在外面放鹿，很辛苦。我说这么长时间和鹿在一起，不寂寞吗？他与我开玩笑说：你生活在圣彼得堡，那里人必须和人挤在一起。而冻土带有的是地方，我们可以和人在一起，过几天烦了，再和鹿在一起，怎么会寂寞呢？是的，涅涅茨人的心灵是自由的，他们喜欢无拘无束的生活，而他们生活的条件和空间也使得他们能够随心所欲，在辽阔无垠的冻土带纵横、驰骋。

一阵乌云刮过，又要下雨了。瓦西里的母亲急忙将晾晒在帐篷外的鹿皮褥子、衣服等收起来，并准备烧饭。瓦西里与瓦洛佳、巴维尔、莉玛也匆匆忙忙拿起套鹿的绳子去圈鹿。其他牧人也都出动了，大家迅速将鹿圈进用渔网围起来的"鹿圈"中。

北极民族学察访笔记

　　圈好鹿我们开始吃饭。莉玛说，这里吃饭时间不是特别确定。夏天白日长，睡得晚起得也晚，所以一般是中午才吃早饭，而冬天晚上睡得早，所以早饭要早得多。今天主食是面包，副食是煮野雁肉，还有肉汤。野雁肉与鸡肉的味道差不多。大家边吃边把吃剩的骨头扔到帐篷外——几只狗在门口转来转去。涅涅茨人以肉食为主，除鹿肉外，他们可以通过打猎、捕鱼等获取其他动物及鱼类。但事实上他们的食品非常单调，几乎没有蔬菜、水果，各种肉类（包括鱼）都是一种做法，即煮熟后吃肉、喝汤。但这里的狗则生活得非常幸福，每条狗的毛都是锃亮的。它们与人的关系可以

驯鹿群沿白海沿岸迁徙

要下雨了，牧民们迅速将鹿圈了起来

用"平等又互相需要"来概括。它们可以自由出入牧人的帐篷，而且一点都不怕人，包括陌生人。但当牧人放牧、圈鹿时，它们则是不可缺少的"助手"。涅涅茨人外出，包括到镇上去购物，也会带上狗。

饭后，太阳出来了。莉玛又开始了今天已经重复了几次的劳动：将刚刚抱进帐篷里的褥子、衣服拿出来晾晒。由于牧民的帐篷搭建在草地上，鹿皮褥子是直接铺在青草上的，很少的衣服就放在褥子上，特别容易发潮。他们的生活太简单了。我在瓦西里家没有见到任何像样的家具，只有一张吃饭的小桌子，几把凳子。其他几户涅涅茨人家也大体如此。他们一般没有多余的衣服，更没有什么装饰品。不断地迁移、流动，他们的生活已经简单得不能再简单。

奥莉娅本来很想给远在阿尔汗格尔斯克的大姐打个电话——大姐来信了，说明天要带儿子来冻土带母亲家。奥莉娅步行十几公里去了考察队的营地，她没有找到伊高力，感觉很失落。前几天考察队队长伊高力来过瓦西里家，答应奥莉娅帮助她用考察队的通讯设备为她联系姐姐，但现在伊高力在卡宁半岛的最北端——мыс Канин нос[1]考察。在冻土带，与外界联系太困难了。有时遇到急事，他们会到卡宁乡政府所在地涅西打电话，一分钟一个多美元，而且常常是来回走几十公里的路。

在瓦西里家，我觉得与奥莉娅最投缘，特别喜欢她帮我纠正俄语的错误发音。她说她上学时学校以俄语授课，但之前她在家里主要讲涅涅茨语，所以上课很困难，但慢慢就习惯了，而且喜欢讲俄语，上学时她的俄语成绩也很突出。我在瓦西里家时，奥莉娅基本上不说涅涅茨语，即使别人讲，她会译成俄语再给我讲一遍。她说她也读过有关涅涅茨人的书，那上面讲涅涅茨人俄语说得不好。她认为学者这样讲是由于不了解涅涅茨人。她还说如果让这些学者用涅涅茨语写书，他们肯定是不行的，但涅涅茨人则可以用俄语写书。她说她家兄弟姐妹都是在俄语学校上的学，他们上学时遭受过同学的嘲讽，但他们都很努力，所以俄语水平都不错，只是母亲差一些，但也会说、能听懂。

我对操俄语者语言能力的判断是以自己能否听懂为标准的。这次考察队里有俄罗斯人，也有拉脱维亚人，两位拉脱维亚学者讲话时我听起来是最费力的，但涅涅茨人倒是讲得非常清晰，与其交流没有太大障碍。对于这个问题我曾问过萨沙。他说苏联的有些加盟共和国的居民讲俄语时方言很重，如属于波罗的海三国的拉脱维亚、爱沙尼亚及立陶宛即属于此，而中亚地区居民的俄语讲得最地道——后一观点，我在圣彼得堡大学的导师

---

[1] 中国地图出版社出版的《俄罗斯地图册》将这个地方称为卡宁诺斯角。"诺斯"[нос]一词在俄语中有"鼻子"之意，所以我认为"卡宁的鼻子"倒是很形象，因为这里是卡宁半岛向北延伸出来的一个角，在地图上看很像是欧洲人的长鼻子。

瓦里安·亚历山大·克孜明（Козьмин Валериан Александрович）也曾强调过。苏联时期，将在非俄罗斯民族中推广俄语作为其建立"具有共同特征的不同民族人们的新的历史共同体——苏联人民"的重要手段。当然，"苏联人民"的核心是俄罗斯人，所以"苏联人民"的形成过程也是俄语化、俄罗斯化的过程。如果说我们在北极这样一个远离俄罗斯中心区的边缘地带，能够听到当地人如此娴熟地使用俄语进行交谈，就可以感受到通过教育、移民政策等方式，苏联已经成功地实现了"共同语言"的愿望。但这些少数民族始终保持着恢复本民族生活方式、拒绝外来同化的要求。尽管这种要求在苏联强力政策下难以实现，但一旦外力消失，他们即回归传统。这种"回归"可不像我们操作电脑，按一下"恢复"键，就完全回到先前操作的状态。如苏联解体后，许多涅涅茨人又"回归"了传统的游牧生活方式。但据我查阅的资料显示，在4万涅涅茨人中，大约只有1万人仍然以极地驯鹿的生产、生活模式为生。多数涅涅茨人在教育、移民、政策等因素下改变了传统的生活方式。

晚上10点，莉玛招呼我们吃饭。

晚饭是瓦西里一家最放松的时候，大家围在一起边吃边聊，只有莉玛一个人忙上忙下，端饭、倒茶。瓦西里的两个妹妹性格反差很大，莉玛内向，所做的事情也主要是围绕着家务；奥莉娅开朗，嗓门很高，不太爱做家务，但会在夜里出去捕鱼，与外面联系的事情她也会出面。比如今天她就去了考察队营地给姐姐打电话。

今天的晚饭又是鹿肉、肉汤、面包。瓦西里说养鹿人最爱吃的还是鹿肉，但他们一般不轻易杀鹿，只有等鹿老了，才会将其杀掉。也许是我们考察队成员曾经问过他狩猎以及动物保护等相关问题，他向我解释说冻土带生活艰苦，没有商店，吃什么用什么都必须靠自己用双手去争取。他们可以捕鱼、打猎，这是大自然的恩赐，而冻土带人很少，所以不会对生态平衡造成破坏。

由于交通不便，这里的涅涅茨人与外界联系很少，在座的除瓦西里在苏联时期去过两次圣彼得堡外，其他人则没怎么出过远门。瓦西里说在外面他不习惯，人太多，而且要睡床。他开玩笑说当时没有拿着鹿皮，否则会直接铺在地上睡觉。对于苏联时期的记忆，他们认为那时候太不自由，有人管。涅涅茨人就是喜欢自由自在的生活。

亲情对涅涅茨人尤为重要。他们与外界联系少又住得如此偏远，家庭似乎就是一切。与涅涅茨人一起生活的几天中，看到瓦西里领导的这个家庭生产协作小组虽然由7个家庭组成，但妇女们似乎很少到别的家庭串门、聊天，她们整天在家里忙碌。然而男人们会一同出去打猎、放鹿，有时聚在一起修理雪橇。在转场或圈鹿的时候，家庭之间的联系最密切，而且彼此的合作非常默契。在卡宁半岛这样严酷的自然环境中，人与人之间的合作与互助是必要的。过去是以血缘氏族形式的自然组合；苏联时期的集体农庄是与政府的行政命令分不开的；如今是自愿组合的非亲属关系的家庭生产协作小组。这是涅涅茨牧民自己的选择！

2007年7月16日　星期一

今天对瓦西里一家来讲，是大喜的日子——他的大妹妹今天要带着儿子，从阿尔汗格尔斯克到冻土带看望家人。

起雾了。瓦西里的脸色变得凝重起来。昨天晚上，当一家人谈起这件事时的喜悦不见了。瓦西里的母亲不断地走出帐篷去看天气——大女儿要坐飞机来，如此大雾则难以成行！

等到下午5点，还是没有消息。他们开始按计划准备新的迁徙。

由于天气原因，更是由于盼望已久的亲人未能如期到来，瓦西里一家人都很沉默。我和奥莉娅正在吃饭，帐篷顶就被揭起来了。我问奥莉娅为什么这么快又要转场？奥莉娅是个不会隐藏感情的人，昨天她之所以去打电话，就是怕姐姐不能成行。今天天气又不好，她的脸色比天还要阴沉。见我问她话，她只是顺口说了句"是啊"，就不再说话了。

从11日至16日，这是我亲历的第三次转场。后来我回营地时巴维尔告诉我，转场是涅涅茨人生活的重要内容。夏天最短时一天迁移一次，冬天隔的时间要长，最长时可间隔两个月。

在卡宁冻土带，涅涅茨人、驯鹿、天然牧场形成彼此依存的密切联系。涅涅茨人驱赶着鹿群不断流动的生活方式，本质上就是出于对牧地利用的经济上的选择。他们对放牧地的选择与自然的变化紧密地联系在一起，孕育了人地关系中的一种生态哲学。

涅涅茨人与驯鹿相依共存，驯鹿是其衣食和其他商业产品的重要来源。涅涅茨人的驯鹿以个大而著称。这种驯鹿极适合在寒冷的地方生存。因为它们全身覆盖着柔软的皮毛,甚至连鼻部都不例外。蓬松的皮毛中充斥着空气,恰似一张毯子,保护驯鹿们抵御严寒。这层皮毛还能起到救生衣的作用,帮助驯鹿在水中浮游自如。驯鹿是游泳的好手,常横渡宽阔湍急的河流和冰冷的海湾。它们宽大而叉开的蹄极适合在北极的雪原上穿行,也便于在松软的苔原上行走。对于生活在北极冻土带上的涅涅茨人来说,鹿可以算是他们最珍贵的财产了。驯鹿非常善于在深雪、密林和沼泽地里跋涉,具有良好的驮运能力,它们以苔藓、地衣等低等植物为食,有时也吃树枝和嫩芽、蘑菇、嫩青草、树叶等,在没有食物的时候会进行长距离迁徙,有很强的耐力。驯鹿本身就是最理想的交通和运输工具……对于养鹿的民族涅涅茨人,驯鹿的地位远远高于农业民族中的耕牛。

照例是一阵忙碌,牧民们收拾好行囊,准备出发。

我提出了回营地的想法。因为这次转场的目的地离我们的营地更远了,近30公里,而目前我们所在的地方离营地只有十几公里。更重要的是,我不想再给瓦西里一家增加负担。昨天萨沙有事回营地去了,只留下我一人。但我们小组其他3个人的帐篷、行李都在瓦西里家,每次转场,都要多套出两架雪橇,搬来搬去,给瓦西里家增添了很多麻烦。

巴维尔主动提出带着侄子尤拉送我。转场的时候是很需要人手的,但涅涅茨人纯朴、善良的个性不会让一个远方的客人为难。他们远离现代社会,过着一种简单、自由、与世无争的生活。物质是贫乏的,但他们自得其乐。助人、互助是他们社会生活的重要理念。

我与瓦西里一家告别。瓦西里的母亲过来拥抱我,她说她正在给我准备缝制一个小礼物,但我却这样快就走了。她希望我一定再来,而且一定要在她活着的时候来。

　　我和瓦西里母亲合影留念，莉玛也过来合影，但奥莉娅则站在那里不动，只是不断重复：我会去送你！她后来真的走了几十里路到考察队营地来送行。

　　到今天，我的北极考察之旅已经过了一半，这期间，与涅涅茨人生活的几天最温馨。我的小帐篷建在他们的营地中间，每天夜里，我都是伴随着外面阵阵的狗叫声进入梦乡；清晨，我与涅涅茨人一样去营地附近的池塘中取水梳洗，也像当地妇女一样不化妆（但会在脸上涂满防蚊膏，而涅涅茨妇女则不用）。在这里我戴着旅游帽，上面还套着一顶针织羊毛的厚

与瓦西里的母亲合影

帽子，但还是被蚊子咬得满头是包，奇痒无比。据说驯鹿之所以被人类驯化并被牧养，其重要原因是驯鹿与人类存在一种共生关系。驯鹿之所以易于接近人类，一是由于驯鹿对人类尿液中盐分的需求使它主动追逐人群；第二个原因就是为了逃避猛兽和蚊虻之害。但如我在涅涅茨人中看到的，有驯鹿的地方，蚊子更多，而且这种能够深入鹿皮噬血的蚊子使人防不胜防。前天晚饭后，我拿出一盘在圣彼得堡买的蚊香点着后放在瓦西里家的帐篷里，丝毫不管用，还把瓦西里母亲呛得直咳嗽。

晚上8点，巴维尔和尤拉套好鹿车。我向他们致谢，巴维尔说我从中国来，是客人，必须送。听他这样说，我就提议将其他3个成员的东西也

与莉玛（左）及瓦西里的母亲合影

一并带回去。

回去的路比上次转场时走的路难多了。雪橇在高低不平的山路上飞速行驶。陡坡处，我担心后面急行的雪橇会撞上前面的雪橇而翻滚下去，但驯鹿的控制能力极好，拉雪橇的4头鹿冲下坡后会向一个方向侧身，车的下滑速度会立即放缓。

快到营地时，巴维尔说他不久前在此地放牧时将一些用品存放在这里，他想顺便取回去。但雪橇承载力有限，所以他说将考察队员的帐篷、睡袋等先放下，然后让萨沙他们来取。我说丢了怎么办？找不到怎么办？他说在冻土带是丢不了东西的！冻土带就是涅涅茨人的家，任何一个地方都可以存放物品。他把要存放的东西从雪橇上取下来，爬到一个比较高的地方放好，并插了一根棍子，棍子顶上又套了一个蓝色的塑料筒作为标记。巴维尔解释说，他们涅涅茨人就是这样存放东西的，远远就能看见。

回到营地，却是一座"空营"。原来我们考察小组的其他几个人又去瓦西里队调查，而负责留守的瓦尔第斯、吉格娜夫妇也随同他们一同去了。由于这里交通、通讯都极不便利，这种来回寻找的事情时有发生，有时一个来回要用上两天，非常辛苦。

巴维尔问我是否再同他一起回去。我考虑到如果萨沙他们找不到新营地，就意味着需要涅涅茨人从更远的地方把我送回来，会给他们增添更多的麻烦。于是我说："我留下！"

我开始点燃篝火，为巴维尔和尤拉煮茶。我们走了近3个小时，他们也都累了。尤拉还在上中学，但每年暑假都要在外婆家度过。他驾驶雪橇的技术非常娴熟，我今天就是坐他的雪橇回来的。他与妈妈住在农村，但很喜欢牧区的生活。我问他将来想在冻土带驯鹿吗？他说高中快毕业了，他要去阿尔汗格尔斯克读大学，读他喜欢的计算机专业。

在外婆家，由于三个舅舅、两个姨妈都没有结婚，他们都很宠爱尤拉。但尤拉从不恃宠而骄，而是像驯鹿的涅涅茨人所有的小孩子一样，勤快、自立，从来不偷懒。外婆、舅舅及姨妈经常和尤拉用涅涅茨语交谈，他完全能懂，但却坚持用俄语表达。我问莉玛，尤拉是不是不会说涅涅茨语？莉玛笑答：他说得好着呢！但不爱说，也不知为什么。于是我直接问尤拉，他说就是不适应。在学校上学大家都说俄语，已经习惯了。

煮好了茶，给客人倒上，我又开始为他们煮面。我慢慢地做着这一切，希望他们能够在营地多停留一会儿。

但他们还是走了——由于转场时巴维尔和尤拉来送我，有一部分东西留在原处，需要他们从我这里返回时带到新营地。现在瓦洛佳留在旧营地等候巴维尔。

我请巴维尔写了一张纸条，标明考察队员行李存放的确切地点——在辽阔的冻土带，外来者是不具备当地人那样的方向辨别能力的。

巴维尔和尤拉下山了。看着他们的背影，孤独和恐慌同时袭上心头。一个人守着这样一座山，山下是茫茫的大海，耳边是风声、涛声……我将劈柴用的斧头及切菜刀等均拿进帐篷，握在手里，坐在帐篷中间听着周围的声音。有老鼠在帐篷下跑过。这里除了蚊子多就是老鼠多，经常能够看见它们大摇大摆地从帐篷底下爬出来，再缓慢地从人眼皮子底下跑过。刚来的第二天，我就看见一只三角形脑袋的胖老鼠，样子很恐怖。但经过在冻土带一段时间的生活，已经对老鼠一类的小动物没有感觉了。

都说这世界上没什么可怕的，最可怕的是人！但现在是多么希望有人出现啊，特别是熟悉的人！在冻土带最亲切的人就是瓦西里一家人，虽然只相处短短几天，但他们的真诚给我留下了非常美好的印象。他们说我是他们见到的第一位、也是唯一一位中国人。而且这个中国人并不觉得他们矮小，说他们像英雄成吉思汗的后代——这让他们感到骄傲。他们告诉我，8月份卡宁半岛的涅涅茨人有一个与驯鹿有关的节日，邀请我一定来参加——他们的邀请是那样真诚。但我知道，我不可能再有机会来到这个岛上，我只能捎来真诚的祝福。

奥莉娅的姐姐说好今天到的，为什么没来？我曾经问奥莉娅：不断迁徙，姐姐如何找到家？奥莉娅说飞行员对当地情况很熟悉，飞机会在涅涅茨人的各个营地盘旋，将乘客放到自己的家门口。姐姐已经很长时间没来了，因为来一次特别不容易，乘飞机的费用也高，所以他们非常担心会持续大雾。但瓦西里的妈妈说：今天不到，明天也会到；明天不行，后天一定会到——这就是涅涅茨人，他们用简单的方式化解着生活中看似复杂难解的问题。

今晚一夜无眠。

2007年7月17日　星期二

早晨8点，帐篷外面传来熟悉的说话声——终于有人回来了。

我高兴地跑出去迎接，但回来的5个人，除瓦尔第斯、吉格娜夫妇像平常一样和我打过招呼外，萨沙、芭莉娜和奥莉佳均是一副不高兴的样子。原来他们好不容易赶到涅涅茨人那里，但只遇见正在等待巴维尔、尤拉的瓦洛佳。他们知道我已经回营地了，而且把他们的行李也带走了，很不愉快。他们也是没有力气循着涅涅茨人迁移的路线追赶他们了，所以就顺着原路又赶回来。

于是我们之间发生了第一次，也是唯一的一次冲突。

这场冲突既是由于我擅自把他们的东西带回来了，也是由于萨沙和瓦尔第斯顺着巴维尔纸条标明的地点去找行李，却没有找到，他们为此很着急，芭莉娜甚至哭起来了。她说她的睡袋漂亮而又昂贵，她不想白白丢在山里。

其实在这件事上谁都没有错，只是站在不同文化的角度对事情有不同的理解罢了。巴维尔生活在冻土带，这里是他们自由驰骋的家园。他按照涅涅茨人的习惯将东西放在山上，而且他认为这么近的路，取回去毫不费力（我们走起来可不那么容易）。我是基于自己的理解，出发前，伊高力说我们在涅涅茨人那里要待2～5天，我是11日出发，16日回来，完全是按考察队负责人的要求行事的。既然时间到了，既然涅涅茨人肯送我回来（去时的艰苦记忆犹新），总比到时候让几个年轻人背回来好呀。当然也有人情上的考虑，因为我回来了，就意味着涅涅茨人那里暂时没考察队成员了，我觉得自己既然不能看守，就有责任把东西拿回来，而且大家是一个团队，你总不能只顾自己不顾他人吧。而萨沙他们认为自己的事情自己处理，他们有他们的计划，而我破坏了他们的计划。

这就是源于不同文化背景的人在对待同一个事物时所产生的差异。在跨文化交际中，由于文化障碍而导致的信息误解，甚至伤害对方的现象屡见不鲜。有时善意的言谈会使对方尴尬无比，礼貌的举止会被误解为荒诞粗俗。因此，研究文化差异，研究正确的跨文化交际行为已成为不可忽视的问题。如西方人自我中心意识和独立意识很强，主要表现在自己为自己负责。在弱肉强食的社会，每个人生存方式及生存质量都取决于自己的能力，因此，每个人都必须自我奋斗，把个人利益放在第一位；不习惯关心他人，帮助他人，不过问他人的事情。正由于以上两点，主动帮助别人或接受别人帮助在西方常常是令人难堪的事。因为接受帮助只能证明自己无能，而主动帮助别人会被认为是干涉别人私事。而中国人的行为准则是"我对他人、对社会是否有用"，个人的价值是在奉献中体现出来的。中国文化推崇一种高尚的情操——无私奉献。在中国，主动关心别人，给人以无微不至的体贴是一种美德，因此，中国人不论别人的大事小事、家事私事都愿主动关心，而这在西方会被视为"多管闲事"。

在圣彼得堡访学期间，我生活的留学生宿舍有来自世界各国的年轻学子，其中中国人比重较大。对于这一点我一直这样理解，中国20世纪50年代出生的许多人有极强的"俄罗斯情结"。他们受了太多俄罗斯文学、艺术甚至是俄罗斯式的英雄主义的教育，所以对俄罗斯文化有一种抹不去的情感。他们希望能够在子女身上实现年轻时代的理想和向往，所以愿意将孩子送到俄罗斯留学，当然这其中也有俄罗斯留学学费低而且有众多的世界名牌大学，许多专业至今居于世界前列等原因。在圣彼得堡，有1万余名中国留学生，其父母多是20世纪50年代出生的人。留学生楼有公共厨房，但严格规定不许"炒菜"而可以煮、烤各类食品——这明显是针对中国人的。中国人离开煎、炒、烹、炸恐怕不太习惯用别的方式做菜，所以许多中国留学生仍然不顾规定悄悄按自己的习惯行事。但厨房的报警器异常灵敏，一有油烟立即发出尖锐的叫声，这时宿舍管理员会很快跑上来不分青红皂白地训斥肇事者。有时肇事者赶在管理员到来之前逃之夭夭，管理员也会找到中国人的宿舍去追问。发生了多起这样的事件，别的国家的留学生会有些议论，我们这些年纪大的访问学者也会叮嘱年轻的同胞要入乡随俗，尊重人家的习惯。但时间长了，总吃不好饭也不行啊。再说我们不能总讲尊重他们的习惯，也应该彼此尊重。于是中国留学生找出几个代表与宿舍管理员谈判，表明炒菜是我们的传统，烤箱之类的东西用不惯。我们会注意保持卫生，尽量减少油烟污染。虽然交涉后状况有所好转，但矛盾仍然时有发生。

　　人类是由不同民族社会构成的，差异是在所难免的。但有差异并不一定就有矛盾和冲突，所以，需要交流，需要彼此尊重。

2007 年 7 月 18 日　星期三

晚上5点，萨沙和瓦尔第斯、吉格娜夫妇去找东西，晚上9点，他们背着行装胜利返回。

我的心终于落地。

大家开始喝酒庆祝，不愉快烟消云散！与俄罗斯人打交道，总会感受到他们大起大落、大喜大悲的情绪。如昨天找不到行李时，他们着急、抱怨，甚至芭莉娜还哭了一场，但今天他们完全是另一副样子，还拉着我和他们一起畅饮——这里所谓的"酒"是萨沙自己制作的。考察队的随身行李中，包括几箱罐装啤酒，但对他们而言太少了，冻土带又没有商店，所以医生出身的萨沙就自制了一大罐"酒"——他说里面加了酒精，其他几种"原料"我没有听懂。

俄罗斯人就是这样——直率、快乐，一切都写在脸上，与内敛的东方人形成强烈反差。在圣彼得堡大学，我参加了一个为外国留学生开办的讲座班，内容就是学唱、讲解俄罗斯民间歌曲。俄罗斯传统民歌的节奏大多比较快，但曲调中透着忧郁。我对音乐了解不多，2002年去越南时，在一次有乐队、歌手表演的晚餐上，那种极度悲怆的音乐深深震撼了我。一个多灾多难的国家，音乐也是哀怨的。但俄罗斯则不然。这个仅有千年历史的民族虽然一直充满着动荡和不安，曾经承受着来自外部的毁灭性入侵，从蒙古人的统治到拿破仑的进攻，以及希特勒的入侵……但它也与世界性的、强势的帝国名字紧紧连在一起。我曾经读过一篇文章，题目是《俄罗斯民族的苦难意识》[1]。文中谈到，在俄罗斯，人们崇拜苦难，甚至享受苦难，苦难往往代表神圣。在他们看来，受难者往往是圣人，受难的民族也往往是英雄而神圣的民族。在传统的基督教理念中，苦难、死亡、末日总是悲观的，是一种消极颓废的情绪，其结局以否定的形式出现，因此不存在乐观的态度。而在同样的境遇下，俄罗斯人却充满了对上帝之国的渴求和期盼，积极地投身于迎接光明未来的准备工作，因为苦难孕育着希望，苦难将带来拯救。这是俄罗斯苦难意识的特点，也是俄罗斯末世观的独到之处。与西方不同，俄罗斯的末世观是积极乐观的——用这个观点来解释俄罗斯人的快乐和忧郁，也许是合乎情理的诠释。

当我把这个问题向正在畅饮的几位俄罗斯考察队员提出来时，萨沙说：俄罗斯人是追求完美的，但现实与理想是有距离的。完美的遥不可及，注定了追求者的失败及随之而来的忧郁！

快乐也好，忧郁也罢，俄罗斯人活得很真实，与他们打交道，感觉非常轻松。

---

[1] 该文载《俄罗斯研究》，2005 年第 4 期。

2007 年 7 月 19 日　星期四

　　不到凌晨 2 点，一位涅涅茨人在附近放鹿，看见考察队营地的篝火，就走了上来。我虽然已经进了帐篷准备休息，但还是出来和大家一起聊天。

　　考察队与当地涅涅茨人建立了良好的关系。在冻土带，随流动的涅涅茨人进行调查，困难可想而知！一天走几十公里是常事，走累了，就在野外休息。睡袋是必须随身携带的，而我们的调查计划也不断需要调整。如这次在第 10 队按计划是挨家挨户对 7 个家庭进行入户访谈，但由于他们不断迁徙，我们多数时间是在路上进行访谈。这次由于他们迁到了更远的地方，我们这个考察组已经无力靠步行追随，所以有涅涅茨人来此，我们当然是非常高兴的。

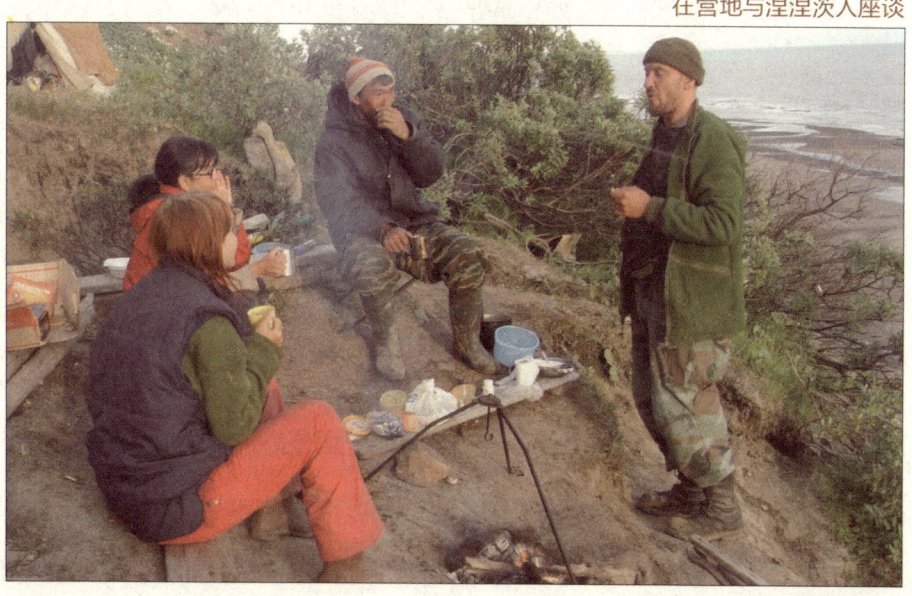

在营地与涅涅茨人座谈

我很想了解涅涅茨人的信仰情况。在与涅涅茨人生活的短短几天中，在这方面一无所获。我曾问过奥莉娅和莉玛，她们说如今已经没什么宗教活动，只是在历史上有萨满活动，更多的她们也说不出来。最遗憾的是没有能够与瓦西里母亲谈这个话题。在冻土带考察，由于时间、交通工具、气候等方面的客观原因，会留下很多遗憾。如8月的第一个星期天，是涅涅茨人的重要节日"驯鹿节"（День оленевода），这是标志着开始从夏季牧场转入冬季牧场放牧的日子，要举行隆重的庆祝活动。届时有套鹿表演，男女均可参加，还有一些竞赛活动，如摔跤、投斧头比赛等。但据气象预报，8月初的白海风高浪大，我们将无法乘船离开卡宁半岛，而必须在7月底前离开。

来访的涅涅茨人叫尤里，50多岁。他讲俄语速度很快，我常听不懂，就不断提问。他很有耐心，尽量放慢说话速度，但他对这样的讲话也许感觉不习惯，常会笑上一阵子。这样的笑我在涅涅茨人中常常见到，那种夹杂着些许羞涩的纯朴、真诚、纯净的笑，给我留下了特别深的印象。

尤里讲了一些涅涅茨人的传统信仰，而且也和奥莉娅、莉玛的态度一样，强调他们现在其实没什么宗教活动。

下午1点左右，尤里与我们告别。他下了山，套上由5头鹿驾驭的雪橇，渐渐远去的背影在茫茫的大海和辽阔的冻土带的衬托下是如此的孤单……

我开始在尤里描述的基础上，又翻阅了有关资料，对涅涅茨人宗教信仰情况进行了整理。

历史上涅涅茨人的信仰属于多神崇拜，这是他们传统上延续下来的信仰。其中нум、нга、я-небя神比较重要。нум生活在天上，在涅涅茨语中，"нум"就是"天"的意思。нум不能为小事所扰，需要烦扰нум的事必须是

尤里驾着雪橇离开了营地

大事，通常用白鹿祭奠 нум 神。нум 的神性是善的、光明的，它的敌人是恶神 нга。нга 能引发人的疾病和死亡。я-небя 是母亲神，也被认为属于天，是一切生物的生育和保护神，是大地的主人。除 нум、нга、я-небя 外，还有众多的小神，如水神、森林之神、石神、火神等。涅涅茨人相信森林和水神能够保佑他们狩猎和捕鱼成功。如果这些神生了人的气，那么人会倒霉，或在森林中迷路，或在水中翻船。

每户都有家神，可以保佑家庭丰衣足食，所以备受重视。家神用木或石制成，并穿上鹿皮衣服，放在每家帐篷对门的地方。转场时，要有专门的雪橇运送。

妇女被认为是"不洁"的，存在许多相关禁忌。如她们不得使用男人的工具，比如修雪橇的斧头及打猎装备等。如果妇女偶然将自己的皮靴和男人的放在一起，男人的东西就被认为受了"玷污"，之后所做的诸如打猎等事情就不会成功，所以有专门的"清洁仪式"以祛除"污染"。

涅涅茨人相信人死后灵魂存在，并继续从事其生前的职业，如打猎、捕鱼、驯鹿等，其灵魂持有生时相貌，在阴间寻找故去亲友亡灵并与之继续生活。生前被杀的驯鹿、狗等亦在阴间为人类服务。人亡故后通常当天要准备棺椁，第二天举行葬礼。届时要将帐篷抬起来，从下面把亡者抬出去。在墓地要宰一头鹿，由这头鹿将死者载到墓地。死者生前的用品，包括雪橇、武器、工具等要殉葬。若死者是女性，殉葬品是茶壶、餐具等，将其弄坏放进墓中，据说这些东西还能继续为亡者所用。

涅涅茨人有专门祭神的场所，他们用石、木等制成偶像，并供以牺牲。人与神灵之间的媒介是萨满。萨满平日从事驯鹿或渔猎，与普通人没什么差别，但举行仪式时则要穿上专门的服装，并因替人"作法"而能得到一些报酬——从一副手套到一头驯鹿不等。最常用的"法器"是木制的鼓，鼓面贴着野鹿皮。萨满据称能与神灵打交道，能够通往 нүм 的世界。有些萨满还懂得催眠术。萨满作法分两种：集体的和个人的，前者是规律性的，通常在驯鹿或狩猎周期开始或结束的时候，一般是在春天或秋天；后者是根据个人需要，比如某家有人生病需要请萨满治疗等。作法通常在帐篷里，燃起熊熊篝火，萨满坐在白色的鹿皮上，参加者除祈求者外，还包括被邀请者。萨满通常还有助手，与萨满一道围着篝火转。当萨满进入昏迷状态时，就表示灵魂已经离开他的身体。他开始描述到另一个世界"旅行"，同鬼魂交流的情景，最后向祈求者解释"神灵"的决定。

19世纪上半叶，俄罗斯东正教传教团到涅涅茨人地区传教。在这之前，尽管与俄罗斯人有几百年的交往，但涅涅茨人固守着传统信仰。传教团在涅涅茨人中传教是很困难的，到1830年，有3300人转信东正教。1830—1835年，俄罗斯人在冻土带建造了3座教堂，其中涅西所建教堂保留至今。俄罗斯人在宣传东正教的优越、甚至强制涅涅茨人改变信仰的同时，还焚毁了涅涅茨人传统的偶像及祭奠用品、场所等，从而引发了涅涅茨人的反抗。即便如此，俄罗斯人的传教仍然收效甚微，多数人并没有改变信仰，所以19世纪末，又有俄罗斯东正教传教士到冻土带传教。俄罗斯人频繁的传教活动，其结果使一些涅涅茨人接受洗礼，但他们所谓的"皈信"只是在信仰仪式中加进了东正教的某些内容，如像祭奠 нум 神一样用鹿祭奠东正教的圣人，并以鹿血涂抹圣像。一些东正教的节日，如复活节有时也会出现在涅涅茨人的节日习俗中。可以说，涅涅茨人从来没有改变过传统的萨满教信仰，特别是由于冻土带条件恶劣、缺医少药，所以牧民有病通常还是要求助于萨满。

2007年7月20日　星期五

早晨，我们去河边捕鱼。

在营地，我们每天的主要食品是速食粥、空心粉，煮时放进牛肉罐头，就着茶水、饼干吃。我们的"口粮"主要是在阿尔汗格尔斯克采购的。我刚刚来到营地时，"粮仓"（装食物的帐篷）满满的。由于各考察小组出发时都随身携带食品，加之生活所需，储存的食品已经不多了。所以我们捕鱼既是为了改善伙食，也是为了节省粮食。

作为生物学家的瓦尔第斯和吉格娜夫妇经常在外考察，有丰富的生活经验。他们随身带着渔网。在我们营地附近有许多小河，瓦尔第斯昨天就将网横截在一条小河中间。今天早晨我们来"收网"时，网上挂着六七条1斤左右的白鱼，还有几条小鱼。回到营地，吉格娜将鱼洗干净，放进盆里，加上各种调料腌制。剩下的小鱼则用来煮汤——早餐是饼干、鱼汤。吃饭时，大家又开始商量打野雁，但这个计划由于缺少工具只能放弃。在冻土带，人总能活下去。如涅涅茨人以驯鹿为业，他们终年逐苔藓而居，在迁徙中生活。他们迁徙的过程，也是追逐并非总是固守在一地的野生动物的过程，狩猎是其生活的重要内容。他们在恶劣酷寒的自然环境下，最大限度地利用了大自然所蕴藏的丰富资源。在这里，人、动物、自然形成了相互连接的链条，其中很难说清楚链条的中心在哪里：鹿被人类所驯养，是人类生活之源，但驯鹿的野生性及对生态环境的依赖性又使人类必须逐鹿而居。游牧文明的特点在于动。因为变动性大，不利于手写文字的产生，文化的积累便主要依靠口耳相传，无法形成如农耕文明那样发达的社会文化和制度组织，在话语权上始终无法胜过农耕文明，因此留在人们的印象中总是落后和应改造的。然而事实并非如此，游牧文明始终存在着一种活性因素并遵循着自然规律。游牧民族热爱自然、感恩自然，拥有与自然相近的豪爽而开放的性格……

  今天有两个考察小组回到营地，所有队员都黑了、瘦了。夏天涅涅茨人是顺着白海牧鹿的，考察队沿着海边鹿痕寻找涅涅茨人，风餐露宿，其艰苦可想而知。

考察队员顺着鹿迹寻找涅涅茨人，风餐露宿，辛苦非常

北极民族学察笔记

考察队员蹚水过河

营地又热闹起来。我们的午餐是腌生鱼。俄罗斯人喜欢腌生鱼块，所以一小盆腌生鱼一抢而光，吃完了大家还嘱咐瓦尔第斯明天一定再去捕鱼。而瓦尔第斯也大受鼓舞，吃完午饭就又去河边捕鱼了。

晚上，考察队员为"凯旋"举行庆祝活动，一直到早晨5点，大家才回帐篷休息。

2007年7月20日 星期五

考察队员返回营地

2007 年 7 月 21 日　星期六

　　起床时已是 11 点。下起了雨，很冷，虽是 7 月，穿着羽绒服还冷。最糟糕的是木头湿了，加上风大，篝火点不着。于是大家先躲在帐篷里，打算等风小些再做饭。

　　小小的帐篷，挤着我们 3 个人。帐篷下凸起的地方正好在中间，硌在腰下睡觉很不舒服。我们的营地在山上，很难找到平整的地方。如果不下雨，有些队员干脆就露营在外，但今天这样的天气，如果不待在帐篷里就只能在外面淋雨，而且大家挤在一起也能互相取暖。

　　躺着难受，就坐起来看书吧。但帐篷是尖形顶，我又在边上，所以身子也坐不直。我只能侧卧着，在风声、雨声和夹杂的阵阵海涛声中，尽量使自己静下心来看书。

　　涅涅茨人一生都在这样的环境下生活。我想着瓦西里一家人：他的大妹妹应该已经到了。她是带儿子一起来的，加上尤拉，那顶小小的、不足 20 平方米的帐篷里要住 9 个人，而且还要在里面做饭，不方便可想而知。但涅涅茨人似乎总能将生活中的困难以快乐的方式处理。我问过莉玛："这样住，不挤吗？"莉玛笑曰："不挤！家人在一起，暖和。"

2007年7月22日　星期日

雨还在下。

昨天下了一天的雨，所以队员们只吃了些饼干，一整天躺在潮湿的帐篷里。在与俄罗斯学生朝夕相处的日子里，我感觉他们与中国学生相比，在读书、用功方面要差许多。我在国内有数次带领学生出去实习的经历，我们的学生经常带着书（特别是外语教科书）参加田野考察，休息时，总有学生读书学习。但在北极考察期间，几乎看不到他们读书，当我向他们借阅资料时，居然是空手而归。我带来的资料读完了，只能读电脑上的文本，但在帐篷里使用电脑，很不方便。用电脑也有好处，读累的时候，可以听歌——我电脑中收藏着刀郎的一首歌《花儿为什么这样红》。许多人诠释过这首歌，但我喜欢刀郎版的。他演唱时那种漫不经心的哀怨，总能让我莫名地感动。

考察队随身带着两台便携式发电机，今天在给电脑、照相机充电时，随着一股青烟，充电线路全部报废。所以我要用机身中的余电，完成整个考察全过程的记录。我只能尽量减少用电脑阅读的时间。

下午，雨渐渐小了，我们走出帐篷，开始打水、烧火、做饭。

由于食物不多了，考察队员想尽各种办法节省粮食。今天值日生又"发明"了一种既节约又有营养的食品，队员们将之称为 русское чудо（俄罗斯的奇迹）。其实就是将通心粉、炼乳及各类干果放在一起煮成粥，吃起来又甜又酸，别有风味。

北极民族学察 考笔记

萨沙帮助来营地求医的涅涅茨姑娘治眼疾

　　有几个涅涅茨人找到营地请萨沙看病，其中一个姑娘眼睛肿了，萨沙用消毒水帮她清洗，之后我们坐下来漫谈。

　　其实我对于苏联时期涅涅茨人的生活是很感兴趣的。在这里不只一次听涅涅茨人讲到他们热爱自由、喜欢逐鹿而徙的流动性生活，但事实上目前在4万涅涅茨人中，从事放鹿生活的只有1万余人，大多数涅涅茨人或者转向定居，或者已经离开冻土带从事其他行业。其原因除时代变化的因素外，与苏联时期的政策也有很大关系。

　　十月革命前，涅涅茨人受沙俄统治了几百年，其社会生活结构基本没有发生变化。沙俄政府通过当地头人向居民征收毛皮税。火枪的传入和铁器的普遍使用，使当地劳动生产率得到一定程度的提高。一般苏联学者认为，十月革命和随后的社会主义改造，使涅涅茨等北方小民族跨越了几种社会形态，直接进入现代社会。

　　1925年，全俄中央执行委员会和人民委员会根据诸如人数极少、传统经营活动的特殊性和奇异性（养鹿、狩猎、捕鱼和海洋猎兽等）、与传统经济相联系的生活方式和风俗习惯的特点（游牧或半游牧）、社会经济发展水平低下等特征，通过专门决议将涅涅茨人等20多个民族划入"北方小民族"（主要生活在俄罗斯联邦极北、西伯利亚和远东地区）之列。与此同时，全俄中央执行委员会设立北方民族促进委员会（北方委员会）。后来，又设立了北方海运总局，由它具体落实党和政府旨在发展北方小民族经济、文化的专门措施。在北方委员会的帮助下，为北方小民族建立了自治地方，涅涅茨人第一次破天荒享受到民族自治权。至1930年，在涅涅茨人相对聚居的地方已经建立了涅涅茨、亚马尔—涅涅茨、泰梅尔（多尔干—涅涅茨）3个自治地方。从1919—1934年共组织了90次对北方小民族的考察，在考察的基础上制定了一整套改造小民族原始文化的措施，包括创办学校、创制民族文字、开展扫除文盲运动、培养教师等。1925年，在列宁格勒（今圣彼得堡）大学设立北方民族系，1930年在列宁格勒成立北方民族学院，此外还建立一批北方民族师范学校，这些机构培养了大批北方小民族的人才。及至1937年，小民族识字率达到65%，而在1914年，涅涅茨人识字者仅占居民人口的2%。

　　在社会经济方面，苏联政府在资金等十分紧张的情况下，仍然向北方小民族提供了大量物资支援，通过贷款（常常是无偿的）、供应食品、免除赋税、开办储备粮商店等为其提供物资和财政帮助。20世纪50年代末，在北方少数民族生活的极北、西伯利亚和远东地区，经济、文化状况已发生巨大变化。这里已建立了由现代技术装备的采矿工业，渔业工业、内河运输和空中运输业都得到了发展。拥有了学校、医疗预防机构和文化教育机构网，并在许多地方建起了设施完善的市镇。可以说，经过苏联中央、地方政府的大力扶持和帮助，俄罗斯北方小民族的社会、文化得到了长足发展，居民的物质文化生活水平也有了明显提高。

苏联时期集体化的结果，是涅涅茨人地区出现了许多定居点，成立了集体农庄。原来涅涅茨人的鹿群成为集体农庄的公共财产。即使涅涅茨人还拥有少量的家鹿，也与集体农庄的鹿一起，由选定的人放牧，而涅涅茨人被组织起来从事建房及制奶、捕捞、打猎等。许多涅涅茨人的定居点与俄罗斯人居住区相邻，他们也开始像俄罗斯人那样从事蔬菜栽培及家禽饲养。从外观看涅涅茨人的住房与周围其他民族没有什么区别，只是偶尔看到涅涅茨人家里会出现鹿皮制品，如地毯等。在仍然保持游牧生活的牧区，涅涅茨牧民仍然居住在传统帐篷里。虽然许多人都曾试图制造一种新式的便于携带的帐篷，但或者因在取暖方面不过关，或者因迁移时拆卸不便，至今那里的涅涅茨人仍然使用传统的帐篷。这种帐篷搭建起来方便、简捷，不需要深挖地基，也不需要一砖一瓦，减少了对草皮的破坏，把对自然的破坏降至最低点。

1957年以后，根据苏共中央关于把土著民族的社会经济水平与全苏平均水平拉平的号召，在北方地区掀起大规模并村与迁移运动：在定居地区强行废弃小村庄，把居民迁移到大型村镇（主要为俄罗斯人聚居区）居住。在这些村镇中，通常由俄罗斯人担任主要领导；在游牧地区强制牧民转入定居。同时把小型集体农庄合并成大型集体农庄，把一些大型集体农庄改组为国营农场,公有化程度越来越高。其后果是,大多数涅涅茨人脱离了传统经济行业,而民族混居的大型村镇加快了民族接近与族际婚姻的步伐。1975年,在涅涅茨地区异民族通婚比例已达到30%,当然这种通婚主要集中在城镇,在游牧区,通婚者相对少得多。在村镇中,随着外族人的大量涌入,原来的民族在自己世居的土地上也成了少数民族。如在亚马尔—涅涅茨自治区成立时(1930),涅涅茨人占总人口多数,1979年降至11%,1998年降至4.2%。在这样的居住环境中,少数民族的民族意识逐渐淡化,其传统文化濒临消失;苏联政府在国境极北、西伯利亚和远东一些地区的开发和工业发展,造成生态失衡,使当地的传统经济部门遭到损失。20世纪60—80年代,整个北方地区的鹿场面积减少了2000万公顷,致使10万头鹿失去了草场。鹿场的占用和污染情况尤为严重,北方的家鹿数量急剧减少,在一些地方养鹿业甚至消失殆尽。

由于政府在小民族地区大力推广俄语,在北方小民族地区减少了小民族语的授课时数,其结果是小民族人口中使用母语的人越来越少,越来越多的年轻人根本不会说本族语。据苏联人口普查结果,1959年,涅涅茨人共有人口23,007人,其中只有85%的人将涅涅茨语当作本民族母语。至1989年,这个比例已降至77%。在推广俄语的同时,政府在北方小民族地区强化寄宿学校教育体制。寄宿学校体制曾为提高游牧民子女入学率发挥了重要作用,但在小民族的大多数人转入定居后理应逐步缩小寄宿学校的规模。实际情况却恰恰相反,这种体制被不适当地强化,甚至推广到托儿所和幼儿园。到20世纪60年代中期,寄宿学校成为北方地区教育的唯一模式。在这种体制下,小民族儿童从入托儿所起就脱离家庭,完全由国家抚养和教育。同时由于长期脱离本民族的生活环境,他们对世代相传的技能和生活习俗已不感兴趣，多数人已不具备以传统的方式获取生存资料的能力。无论是在行为规范、价值观念上，还是在社会心理上，他们都趋同于俄罗斯人，而对本民族语言和传统文化则很淡漠，他们甚至连名字都俄罗斯化了。直到我们在涅涅茨人中考察时，如果仅凭年轻人的名字和父称已区分不出他们是涅涅茨人，还是俄罗斯人。

苏联解体后，在过去的集体农庄、农场基础上建立了股份制或农业生产合作社，涅涅茨人加入其中，但也有许多涅涅茨人自愿组成以家庭为单位的生产协作小组。从俄罗斯整个社会发展背景看，进入20世纪90年代，随着苏联的解体和俄罗斯境内经济危机的出现，国家居民的整体生活水平下降。特别是在苏联时期主要靠国家税收和其他社会保障措施维持其卫生保健、教育和供给的北方小民族，由于国家的保护和物质上的支持减弱而出现危机。在这种情况下，尽管俄罗斯经济形势也十分严峻，但政府仍然不断采取措施，保证及时向极北地区供应物资。1992年4月4日，俄罗斯最高苏维埃通过了《关于保证向极北及其同类地区供应商品的决议》，规定俄罗斯内地供应商品的企业和机关向生活在极北及其同类地区消费者提供的商品数额不能低于1991年水平；1992年4月6日召开的俄罗斯联邦第六次人民代表大会作为一项议程，专门讨论了有关解决极北及其同类地区的社会经济问题；1992年4月22日，俄罗斯联邦总统签发了《关于保护北方少数民族居住地区和经济活动地区的紧急措施》的命令。该命令指出，一定要保证北方少数民族的合法权益，维护和发展他们经营管理的传统形式，确保北方工业开发区的生态平衡。为此，俄罗斯总统作出了有关决定。例如，责成俄罗斯联邦境内居住有北方少数民族的共和国以及边疆区、州和民族自治区的各级政府机关会同北方少数民族地区联合团体划定养鹿、捕鱼、狩猎等传统的自然资源利用地区。这些特定地区的土地是当地少数民族的"不可剥夺的财产",不经他们同意,不得随便收归国有而用于工业开发或同传统经营管理无关的其他开发;把鹿场、猎场、渔场等无偿地转交给当地少数民族终生所有(并留传给下代)或租赁给他们;责成俄罗斯联邦政府按规定程序制定和批准在北方少数民族传统自然资源利用地区使用土地及其他自然资源的法则,只有经过国家生态学家的认真论证才能在这些地区从事工业生产活动;1995年5月26日,俄罗斯《关于俄罗斯北方、西伯利亚和远东土著少数民族经济、文化危机状态》的决议强调指出,必须积极采取措施,逐步落实民族自治政策。

从历史纵向看,虽然涅涅茨等北方小民族的社会生活发生了一定变化,但由于地理环境、自然条件等诸多因素,其社会、经济和文化状况大多还处于艰难状态。即使定居的涅涅茨人,他们在文化适应方面也遇到许多问题。正如涅涅茨人给我们讲的那样:苏联时期,游牧生活方式被认为阻碍了向文明生活方式的发展,但完全脱离传统的生活方式又是涅涅茨人所不情愿的。政府让他们迁到镇上,为他们盖了房子,住在俄罗斯人身边,迫使他们定居并在集体农庄劳动,但苏联解体后,他们中有些人又回到冻土带放鹿。现在也有涅涅茨人迁到镇上,迁徙的原因是退休、生病、嫁人,但他们通常没有失去与冻土带的联系,在那里有他们的亲戚,甚至有属于他们的驯鹿。在乡镇,他们要重新学习生活,如学习蔬菜栽培技术,栽培的主要作物是马铃薯,也尝试栽种葱、胡萝卜、黄瓜,但收成往往不好。家畜养得不多,他们发现,在镇里养牛、羊与养鹿差别很大,如果有能力他们不得不捕鱼、打猎以补充生活。在与俄罗斯人的杂居生活中,涅涅茨人的传统生活方式发生了变化,如他们开始收集野果送到收购站，而不是像以前那样仅在生活中食用。

城镇里的涅涅茨人有时也出售手工制品以补贴生活。如他们制作的带有传统民族风格的鹿皮鞋就颇受欢迎，当地许多俄罗斯人喜欢穿，而且有商户专程从阿尔汗格尔斯克赶来订购。2007年童鞋一般卖到800卢布（约合人民币260余元）一双，成人鞋可卖到1500卢布。但鹿皮制的衣服在城镇没有销路，不仅俄罗斯人不穿，城镇里的涅涅茨人也不穿。涅涅茨人在城镇保留了搭帐篷的习惯，即在固定木制房边搭建一顶帐篷。他们在里面做饭、洗澡或只是用来休息。雪橇在这里不作为交通工具，但发挥了另外一种功能，即放东西；驯鹿的长竿被用来晾衣服。他们认为乡镇生活远远比牧养驯鹿轻松，但还是强调牧养驯鹿生活比乡镇生活更适应他们的习性及传统。

2007年7月23日　星期一

今天，各考察小组成员已经全部回到了营地。

由于风大，我们已经将炉灶从山坡上移到山下避风的地方。这样，做饭的地方离水源倒是近了，但离帐篷则更远了，吃完饭爬上山坡，感觉又饿了（这几天是以吃粥为主）。午饭后，伊高力通知大家就围坐在篝火边开会，主要由各小组汇报考察情况。本以为我们小组因为提前返回要遭受批评，结果出乎我的意料，我们小组收集的资料相对来说却是较为丰富的。有的小组疲于追赶游牧的涅涅茨人，加之路途遥远，多数时间是在荒野中安营扎寨，然后循着驯鹿的痕迹找寻目标。在辽阔的冻土带，人类步行的速度是远不及驯鹿的，所以常常是考察队员赶到时，涅涅茨人已经开始了新的迁移。这样，有的小组虽然在外面待的时间较长，但能够与涅涅茨人在一起的时间则非常短。算下来，每个小组在这次考察中与涅涅茨人共同生活的时间平均不超过3天。

对卡宁冻土带涅涅茨人的考察活动在2006年就已经开始了，但就是因为这里的自然环境及牧民流动的生活方式，考察队员的考察计划至2007年仍然处于"进行时"。伊高力并没有说2008年学生实习是否还来卡宁，但考察的艰巨性及高额的经费支出使我对其能否完成任务产生怀疑。考察队员收集的资料多是零散的访谈资料，而且量很少，与临行前的计划相差甚远。

从考察队的汇报、总结及去年考察资料的记录中得知，涅涅茨人是俄罗斯驯鹿民族中人口最多的一个民族。北极冻土带驯鹿文化被认为是人类

由于山上风大，考察队只能到山脚背阴处点起篝火烧水做饭

与自然环境相适应以保障生态平衡的最佳典型。在卡宁半岛生活的驯鹿人口总数近百年没有改变，至今仍为 500 余人。人口的稳定性是以生物资源作为条件的。经常性的转牧是其主要的生产方式，有限的牧场资源限制了牲畜的头数及人口的数量。一个五口之家若拥有 100 余头驯鹿，就能够保障其基本生存。以往在卡宁半岛进行的各种提高驯鹿业发展的尝试均未获得成功，相反威胁了冻土带驯鹿业的生存。刺激驯鹿数量的措施导致了草场资源枯竭，造成珍贵的文化遗产消失。所以，按照考察队员的结论，俄罗斯北方的发展应该考虑民族特点。考察队员还研究了《涅涅茨自治区驯鹿业 2007—2009 年的发展》，该规划被列入《俄罗斯农工综合体发展规划》

（приоритетный национальный проект "Развитие агропромышленого комплекса"）的框架进行讨论，其主要任务就是创造北方驯鹿民族的发展条件，提高其经济生产效益。但考察队员一致认为，该规划仍然没有考虑土著民族资源利用的传统特点及其文化特色与世界观。在全球化条件下，保存北方驯鹿民族文化遗产在一定程度上能够保持俄罗斯文化的个性，这将带来长久的经济效益。在这个过程中，必须有民族学家的参与。

队员们充满责任感的发言也深深感染了我。整个考察过程是异常艰苦的，但有的队员仍然表示，希望明年能够继续参与北极涅涅茨人的学术考察活动。

举行考察队小组汇报会

晚上，天气转暖，看着耀眼的晚霞，大家说，明天一定是个好天气！

奥莉娅和大姐来营地探望我们，并为我们送行。大姐从阿尔汗格尔斯克乘飞机到冻土带探亲，并带来了儿子瓦尼亚。由于我们在阿尔汗格尔斯克已经见过面，所以她一眼就认出我，并与我拥抱。她说那天她与儿子在阿尔汗格尔斯克机场等了一天，但由于天气原因，飞机不能起飞，所以他们第二天早晨又到机场等，直到中午飞机才得以起飞。她说在阿尔汗格尔斯克生活，非常想念冻土带的家人。如今儿子在阿尔汗格尔斯克当记者，他们一起生活，但每次回来一定要带上儿子。我问瓦尼亚愿意不愿意在冻土带生活，他说来度假很好，但不会在这里久居。问他原因，他回答说，这里太苦了，没有电，看不了电视，也不能用电脑。"但我喜欢在这里捕鱼。"——他是带着渔竿来营地的，同行者中还有奥莉娅二姐的儿子尤拉。尤拉生活在农村，但特别喜欢冻土带涅涅茨人的生存方式。两个男孩子年龄差距不大，但一个生活在城市，另一个在农村，对其民族传统的生活环境及生活方式有着截然不同的看法。

奥莉娅和姐姐及两个外甥随身带着帆布及干粮、烧水壶。他们在我们营地附近高坡处铺上帆布，到四周拾来木头，点起篝火，到河中取了清水，开始烧水做饭。这时候尤拉、瓦尼亚哥俩带回两条鱼——是在附近的河中捕捞的，于是他们煮了鱼汤。冻土带上的涅涅茨人真是习惯了流动性的生活，一切生活所需似乎都带在身上——有茶，有盐，有面包，有铺盖，加上大自然的恩赐，他们就是这样以最简单的方式应付最艰难的生存环境。

看他们要吃饭了，我开始与他们告别。奥莉娅留我喝茶，我推辞了。奥莉娅说明天还会来看我。她的母亲嘱咐她一定要将中国来的"马莉娅"

2007年7月23日 星期一

奥莉娅和大姐（居中者）来营地为考察队送行

（由于涅涅茨人特别是瓦西里的母亲总记不住我的名字，我就请她叫我马莉娅——我在中亚地区学习、工作时，一直用这个名字）送走才能回家。奥莉娅说她母亲还给我带来了礼物，但要等明天再给我，原因是晚上送礼不吉利。

我回到营地准备睡觉。天又阴了，接着下起雨来。我躺在帐篷里，听着雨打帐篷的声音，心里很惦念睡在外面的奥莉娅他们。他们只是随身带着帆布，并没有带帐篷。在雨水中，他们如何度过？

巴维尔曾跟我讲过，涅涅茨人走到哪里，哪里就是他们的家，他们已经习惯了风餐露宿的生活。牧民们在外面放鹿，会遇到各种各样的困难，

171

但他们都以自己的方式克服了。"涅涅茨人生来就是吃苦的。"——巴维尔这样向我解释。

  我虽然担心，可是营地的帐篷已经没有任何空隙了——我们现在至少3个人住一顶帐篷，连翻身都费劲，不可能再腾出4个人的地方。而且队员中并没有一个人提出要奥莉娅4人来营地住的建议——虽然奥莉娅所在的家庭生产协作小组是考察队最早开始接触涅涅茨人的生产组织，而且瓦西里曾经帮助过考察队，我们在那里调查时他们也无偿提供过食品。

2007 年 7 月 24 日　星期二

　　早晨，我是被外面的狗吠声吵醒的。

　　是瓦西里家的狗，它居然跑了几十里路来找寻奥莉娅。

　　奥莉娅和姐姐及两个外甥来到营地，我问他们昨天晚上是否被雨淋？他们说雨不大，他们用木头支起帆布，搭了一个简易帐篷挡雨。奥莉娅说，在冻土带，雨一般不会太大。有时候她一个人去河塘捕鱼会遇到下雨，她什么也不管，任凭雨水浇透衣服。

　　到了吃饭时间，涅涅茨客人拿出自带的面包及鹿肉、熏鱼，考察队员为他们端来了茶水。奥莉娅给了我一个夹着熏鱼的面包，我分成4份，给了坐在篝火边的几个队员。这几天总喝粥，感觉这块面包真是好吃极了。奥莉娅让我继续吃，但我看他们带的东西不多，只能咽口唾沫说已经饱了。奥莉娅对我说："你吃得太少了，应该多吃，才会有力气。"涅涅茨人是不会做假的，所以奥莉娅当然看不出我的口是心非。在这无遮无挡冻土带生活的人，心胸是那样开阔，对远方的客人更是真诚相待。他们步行几个小时，就是为了给与他们只生活了几天的远方客人送行。

　　奥莉娅将礼物送给我：一件是鹿皮缝制的小包。奥莉娅告诉我这是80多岁的老母亲花了一晚上的时间一针一线为我缝制的；另外一件是瓦洛加用熊牙磨制成的小饰物。面对这种纯朴的真诚，我禁不住泪流满面。奥莉娅说："瓦洛加很感谢你告诉他长得像成吉思汗，我们家人也为此感到自豪。"在涅涅茨人心里，成吉思汗是了不起的大英雄——其实在我心里，瓦

173

到吃饭时间，来送行的涅涅茨人取出自带的食品开始用餐。自左至右：奥莉娅的姐姐、奥莉娅、瓦尼亚、尤拉

洛加也是很了不起的。他不仅套鹿时雄姿勃勃，而且手很巧，家里的雪橇主要由他来制作，需要技术的活也都是由他来操持。

萨莎代表考察队也给我送了礼物：4幅由杭州生产的织锦。上面的图案分别是莫斯科克里姆林宫、长城、北京祈年殿、北海九龙壁。2007年是俄罗斯中国年，俄罗斯的许多东西里都能找到中国的影子。在圣彼得堡留学期间，常常听到俄罗斯人对中国留学生的不友好的负面新闻。圣彼得堡曾是俄罗斯帝国的首都，有辉煌的历史。圣彼得堡人似乎有极强的"帝国情结"。我经常想，俄罗斯"光头党"之所以在莫斯科、圣彼得堡等大都市活

涅涅茨人送给我的珍贵礼物：鹿皮包及北极熊牙饰物

动，就是与其国民的某些心态有关。在圣彼得堡，我曾几次目睹"光头党"的"形象"——光头，清一色的黑色服装，即黑色短皮夹克、黑色皮裤，衣服上有很多金属拉链。其标志五花八门，常见的是德国纳粹党的标志，或是一个经过加工的白色拳头，此外还有十字形符号、骷髅头、球棒等。"光头党"即俄罗斯法西斯党——"俄罗斯民族团结党"，苏联解体后出现，因其党徒多以光头示人，所以人们称该组织为"光头党"。俄罗斯的"光头党"组织几乎完全模仿希特勒的纳粹党，成员以青年人居多，统一着装，行举手礼，其口号是："俄罗斯是俄罗斯人的俄罗斯。"他们主张俄罗斯人（白种人）至上，仇视一切"居住在俄罗斯的非俄罗斯人"，崇尚暴力。高加索人、黑人和亚洲人是他们攻击的主要对象。每年的4月20日（即希特勒生日）前后是"光头党"活动最猖獗的时期。有人说"光头党"之所以出现，就是因为苏联解体后，大批的外国商人、劳工、学生进入俄罗斯，或工作，或求学。他们当中不少人的生活水平比普通俄罗斯的老百姓要高，这极大地刺激了俄罗斯人曾拥有"帝国"、"大国"身份的自尊心，因此一些人错误地将他们生活水平无法提高的原因归咎于外国人抢了他们的饭碗，对外国人产生非理性的仇视和憎恨心理。他们以为数众多的小犯罪团伙形式散布于俄罗斯各地，主要活动中心是莫斯科、圣彼得堡、沃罗涅什、罗斯托夫等城市。在圣彼得堡的中国留学生在4月份多被告知要尽量少出门，甚至任课教师也特例为不来上课的中国留学生开绿灯。与欧美等国留学生相比，中国学生较内向，很难融入俄罗斯人的生活圈子。加上许多赴俄留学的学生到俄国后方接触俄语，所以语言的障碍也是彼此隔绝的原因。当然，俄罗斯人对西方文化的崇拜和在东方人面前表现出的"欧洲人"的自大，也让留学在外的中国学生感到不快。俄罗斯人关注、向往西方，这是从彼得大帝打开西方大门后就奠定的基调，也是历史上俄罗斯帝国发展的基础。今天俄罗斯已经失去了昔日帝国的辉煌，但这并不影响国民心态中的辉煌记忆。

奥莉娅真能干，即使来为我们送行，也不忘抽空在小河边挂上网捕鱼，而且收获颇丰。尤拉和瓦尼亚也钓到两条鱼。这样，当考察队员忙着准备回程时，奥莉娅姐妹腌制了满满一盆鱼，说到晚饭时即可食用。

但今天对于考察队员而言，吃已经不是最重要的了。按照计划，明天"阿尔汗格尔斯克"号科学考察船将来接我们。

大家都有些兴奋——承受如此艰苦的生活对于任何人来说都是不容易的，况且考察队员中大多是在大学读书的学生。作为民族学专业教师，我们每次组织的学生毕业实习通常是由老师提前联系好的，有政府相关部门接待，吃饭或在老乡家，或找附近集体食堂就餐。但在与俄罗斯学生北极考察的这段时间，所有的调查活动都要由学生自己联系牧民，更谈不上接待单位。食物及帐篷、睡袋都是学生千里迢迢背来的，也要由学生自己拾柴燃起篝火烧水做饭。学生们根据自己的研究兴趣组成小组，当他们找到合适并愿意接待的涅涅茨人时，就与他们同吃同住同劳动，包括劈柴、做饭等家务事他们都要参与。晚上很冷，他们就挤在一个帐篷里唱歌、喝酒，从他们的表情、谈话中，根本感觉不到困难。俄罗斯人对孩子不娇生惯养，从小就培养他们的勇敢精神，常常可以看到很小的孩子跟大人一起步行，而不像中国那样背着或抱着。

2007年7月24日 星期二

向北极告别

其实我们的大学生倒真是需要培养些吃苦精神。现在的大学，已经成为孩子们向成人过渡的一座桥梁。大学毕业后，就要面对社会，独自在社会上发展了。所以，在大学这一阶段，如果没有形成完整和正确的对待生活的认识和态度，包括对待困难、挫折的认识，那么，走入社会也会非常不适应。

下午，考察队应某家电视台的要求（当然也是为了留资料），录制"我们在北极"节目。考察队摄像、照相器材一应俱全，摄像、摄影师均是圣彼得堡大学的学生，其中叶莲娜是摄影记者系本科生。我们打起了"北极民族学考察"的横标，背对海面并排站着，斯达尼斯拉夫在我们面前燃放起礼花。由于天太亮（北极的7月可是等不到黑夜的），礼花只是化成了青烟，但我们似乎还是感受到了一种气氛。

我们记录了北极的生活，也在和北极告别！

2007年7月25日　星期三

虽然已经凌晨两点，但大家丝毫没有睡意，都坐在山坡上眺望大海，盼望"阿尔汗格尔斯克"号科学考察船的出现。

每个人的表情都很焦急，没有了平日的打闹嬉笑。虽然从阿尔汗格尔斯克出发时，伊高力已经与船长讲好接应的具体时间，但这几天天气不好，很难确定船能否如期前来，据说去年队员就在山上多等了好几天。

我们可是不能再等了——食品有限，涅涅茨人离营地的距离越来越远。而且我们不能离开目前的营地，否则接应的船将无法与我们联系。

天连着海，海连着天，天海相连的景象在这荒无人烟的地方给人的感受更深。在营地的日子，除了送我来的船只，我没有在海面上看到过一艘船，只有海面上飞翔的海鸟——它们多排着整齐的人字形，急速地滑过。

大约3点钟，我们进了帐篷准备休息。刚躺下，就听到斯达尼斯拉夫的喊声："准备起床收拾东西，船来了！"

也许是队员们的心情仍然被失望笼罩着，所以斯达尼斯拉夫的喊声并没有引起人们的兴奋，甚至有人说："别开玩笑了！"

我相信斯达尼斯拉夫，于是起床，走出帐外。海面上一片白茫茫，什么也看不见。斯达尼斯拉夫已经开始认真收拾东西，甚至开始拆卸帐篷，丝毫没有开玩笑的意思。

又过了15分钟左右，终于有一个黑点出现在海面上。是船！是接我们的船！

至今我也不明白斯达尼斯拉夫为什么在什么也看不清的情况下就知道船来了。问他,他说:"有神通。"无论如何,船如期而至。

　　营地上欢腾起来。队员们的个人东西早就收拾好了,现在需要拆卸帐篷、清理"粮库"。我们又点起了篝火,按照当地涅涅茨人的习惯,将带不走但有可能污染环境的东西通通烧掉。我将已经穿得面目全非的旅游鞋扔到火里时,居然涌起一种成就感和自豪感——我坚持下来了!

大船无法靠岸,要先用皮艇将人和行李送上船

奥莉娅姐妹及两个外甥也来帮我们搬运东西。由于大船靠不了岸，只能用皮艇将东西运上大船。东西太多，一直到7点，我们才全部上了船。

一声船鸣，船离开了营地。奥莉娅4人不断地向我们挥手，直到看不见为止——我忽然发现，在这个急于离开的岛上，还有让我留恋、不舍的涅涅茨人。

由于浪大，船摇摆得很厉害。我自认为自己是从不晕车晕船的，但这次却出现了强烈的晕船反应，一直吐到无物可吐。在北极的生活太没有规律了，一整夜不睡觉是常有的事。也许是因为没有黑夜的原因，生物钟完全被打乱，似乎也不知道困，但在船上却撑不住了，我昏昏睡去。

中午，我被叫醒。船已经到了Шойна。伊高力告诉我，我们有6个人将从这里换乘飞机，因为船的运载能力有限，而且还有很远的行程，而换乘飞机只需要几个小时就能到达目的地，届时我们到阿尔汗格尔斯克汇合。

离开船，回头望着渐行渐远的大海，感觉自己是如此急切地想离开这里。

Шойна机场应该是俄罗斯最北端的机场了。下午1点，飞往阿尔汗格尔斯克的飞机准时起飞，约4点，飞机安全着陆。

下了飞机，这座陌生的城市居然让我感到无比亲切。我在机场做的第一件事，就是打开手机，往北京拨了电话——听到丈夫的声音，那种温暖直透心底……

我们到了事先联系好的一所职业学校的宿舍住了下来。正值假期，学校里人不多。宿舍楼位于市区，很方便。我们先到了超市，每个人买回一大堆食品；之后去浴室，将自己彻底清洗干净——在营地时，我们只能在河水里洗澡，即使在中午，水也是非常凉的。

晚上早早上床——终于能够伸直身体睡觉了,这种感觉竟是如此惬意。有时候人的幸福感会在一些习以为常的事情之间油然而生。在北极营地的帐篷里,躺在凹凸不平的冻土上,又凉又硬,晚上睡不着觉时就想着:如果有一张温暖舒适的床,一定要大睡几天……

我一夜无梦。

2007 年 7 月 26 日　星期四

阿尔汉格尔斯克是俄罗斯北方著名的海港城市,坐落在白海南面,有人口40多万。这里半年以上是结冰期,即使是夏天,海上也常可以看到浮冰。

阿尔汉格尔斯克是1583—1584年根据伊凡四世的命令建立的。在俄罗斯,关于伊凡四世的神话传说多得不胜枚举。他是一位出色的政治家、军事家、外交家、作家,他使俄罗斯挤入欧洲强国之林。阿尔汉格尔斯克建成后,成为俄罗斯面向西欧的主要窗口,并被视为俄罗斯北方边界的"守护者"。1693年,阿尔汉格尔斯克建立了第一个国家造船厂,彼得大帝亲自来此奠基。沙皇时期的阿尔汉格尔斯克省有自己的历史性徽章,它描绘的是手持利剑、脚踩被打翻在地的魔鬼的城市保护者米哈伊尔大天使。在苏维埃政权时期,由于众所周知的原因,阿尔汉格尔斯克废除了反映"宗教法礼"的标志物。1996年,有人提出了恢复标志物的问题。现在阿尔汉格尔斯克市的市徽是:在金色的盾牌上,飞翔的大天使身着蓝色衣装,手握火红色的利剑和盾牌,正在战胜黑色的魔鬼。大天使是俄罗斯军队的象征,它还象征着善意的力量战胜恶势力。黑色魔鬼代表的是敌人和必将被战胜的邪恶。

事实上最使阿尔汉格尔斯克人民自豪的,并不是历史帝国的辉煌,而是这里是罗蒙诺索夫的故乡。罗蒙诺索夫被誉为"俄国科学之父",又被称为"文学上的彼得大帝"。在阿尔汉格尔斯克,以罗蒙诺索夫名字命名的学校、剧院、图书馆及街道比比皆是。

虽然正值7月，但阿尔汗格尔斯克的气候仍然很凉爽。由于该城市分布在北德维纳河沿岸，以及三角洲内不计其数的岛屿上，距白海仅40公里，所以空气非常湿润，林木异常茂盛。昨天，在我们从机场到驻地的路上，汽车几乎是在绿荫下穿行——高大茂密的树枝伸向路中央，形成拱形的遮阳屏障，坐在车里，犹在林中。但市区则是另一番景象：宽阔的街道，现代化的各种建筑。与圣彼得堡不同，这里中国人不多，所以无论是在旅馆还是在商场，常会有人与我交谈，问我些中国的事情。

在前来考察的路上，就听说在阿尔汗格尔斯克有一个很著名的露天博物馆，我提出前往参观的想法。但我的同行者大多不是第一次来这里，他们"离群索居"了近一个月，最迫切的是要与考察队在阿尔汗格尔斯克的接待单位——俄罗斯科学院乌拉尔分部北方生态问题研究所的朋友取得联系。当然，他们也不同意我一个人出去参观，而是建议我与他们一同去研究所，然后由研究所的朋友负责联系博物馆参观事宜。

研究所位于阿尔汗格尔斯克城郊的一幢两层小楼里，四周空旷，但风景非常优美。站在办公室窗前眺望无尽的大海，感觉很安静，也很享受。我下意识地看看研究所的工作人员——他们中戴眼镜的人确实不多！在这样的环境下工作，累的时候看看海，疲劳自然会缓解许多！

北方生态问题研究所建于1990年，其前身是俄罗斯科学院乌拉尔分部科学中心科米人研究部。该研究所主要的研究领域是俄罗斯北部欧洲部分及邻近北极水域的生态问题，下设十几个实验室及研究部。负责接待我们的是自然环境保护与文化生态学实验室。这个实验室主要从事实证研究工作，以大量的实地考察资料论证了俄罗斯北部冻土带、原始森林动物物种分布的合理性，指出该地区土著居民的生计方式在自然资源的利用和保护方面的重要价值，强调在现代工业化社会中应该重视自然环境的保护，特别是要加强对阿尔汗格尔斯克北部罕见的生态资源的研究，并要落实保护措施。实验室主任、历史学副博士大卫多夫（А.Н.Давыдов）已经在来时的路上与我们在阿尔汗格尔斯克见过面。他曾在位于卡宁半岛和新地群岛间的科尔古耶夫岛（北纬69°）进行了有关涅涅茨人的研究。按照大卫多夫的研究，科尔古耶夫岛之所以成为世界上最大的鹿的家乡，是与涅涅茨人定居该岛分不开的。科尔古耶夫岛最初出现在世界版图上是在16世纪，但一直是一个无人岛，直到俄罗斯人的到来。

历史上，作为传统的农耕民族，俄罗斯人在北部边境地区定居的过程中，被迫改变了经济方式和居住形式，以适应北方原始森林的环境。在白海和巴伦支海沿岸形成了一个特殊的、能适应极地条件的沿海居民群体——波莫里亚人。从17世纪起，波莫里亚人夏季都要前往位于通往北西伯利亚路上的科尔古耶夫岛。他们在这里捕猎白熊、海豹和环斑海豹，捕捉鹅、鹧鸪和收集鸭绒。科尔古耶夫岛的进一步开发与岛上涅涅茨人的过冬有关。一个事实是，俄罗斯的波莫里亚人不能在极地岛上的冻土环境下过冬，冬季岛上与外界的交通会中断，而一年中只有3个月是通航期。18世纪俄罗斯旧礼仪派教徒曾尝试开发此岛，这些旧礼仪派教徒是俄罗斯北方和西伯利亚最初移民运动的重要组成部分。1767年他们定居于科尔古耶夫岛上的古西河地区，但其中的很多人死于坏血病，剩下的返回到了陆地，即俄罗斯旧礼仪派教徒在岛上建造过冬住所的尝试以失败告终。所以最初俄国人将涅涅茨人运到科尔古耶夫岛上并不是用来养鹿，而是把他们当作冬季在极地冻土环境下打猎的猎人。显然，在18世纪俄罗斯的波莫里亚人就明白了，可以将没有航海技能，却能适应冻土环境的涅涅茨人迁移到科尔古耶夫岛上。最重要的是，随着涅涅茨人在科尔古耶夫岛上的出现，这个极地岛的开发方式有了极大的改变。涅涅茨人在岛上过冬，同时将养鹿业也发展起来。事实上鹿并不是科尔古耶夫岛上所特有的动物物种，然而岛上独特的生态环境使科尔古耶夫鹿成为世界上最大的鹿。在这里，俄罗斯人是鹿群的拥有者，但他们不亲自放养，而是交给涅涅茨人游牧放养。可以说拥有了鹿对岛的殖民化有着决定性的意义，也正是通过养鹿业，涅涅茨人在科尔古耶夫岛上生存和稳定下来。他们在这里养鹿和在陆地上养鹿的不同点在于：科尔古耶夫岛上由于没有野兽，人们不用一直看守鹿群，一昼夜只将鹿群圈入帐篷一次即可。

科尔古耶夫岛上的涅涅茨人保留着萨满教信仰，但与卡宁半岛上的涅涅茨人在祭祀细节上有一些不同。如卡宁半岛的涅涅茨人用鹿供奉神，祭祀用的鹿不能用刀宰杀，只能用绳索勒死；而在科尔古耶夫岛上的涅涅茨人供奉神主要使用彩色带子、绳索、布巾、兽皮包扎起来的"小型祭品"，在"鹿祭"时一般不用绳子勒死鹿。

和卡宁半岛一样，俄罗斯人也曾尝试着在科尔古耶夫岛的涅涅茨人中传播东正教。东正教神职人员烧毁了当地涅涅茨人用于供奉的木制神像，建起了木质结构的教堂，由选出来的、"有文化的"涅涅茨人首领主持礼拜仪式，但苏维埃政权建立后，东正教教区被撤销。科尔古耶夫岛的涅涅茨人又回到了传统信仰，但业已形成的精神文化多教合一现象以非常有趣的方式表现出来。如他们在东正教的教堂内进行传统祭祀活动；当地涅涅茨人在欢度俄罗斯节日的同时，还保留着古老的涅涅茨人节日：росьэба ——时间是极地黑夜后太阳的第一次升起，即庆祝极地黑夜后太阳的第一次升起。

……

大卫多夫及实验室的同事多有常年在阿尔汗格尔斯克北部进行野外考察的经历，所以深知我们的需要。他们在办公室中间用办公桌拼凑了一个长方形"餐桌"，并摆上了啤酒、饮料、鱼子酱、面包、果酱、沙拉等食品。在俄罗斯，聚餐时吃的东西通常很简单，但气氛却热闹非凡。我们举杯，庆祝我们战胜了重重困难，完成了考察工作。我们吃了很多，喝了很多，也说了很多。每个人的情绪都有些亢奋，胃口也异常好。来俄罗斯七八个月了，无论别人如何解释鱼子酱的益处和好味道，我是从来不问津的。但今天觉得这真是人间美味。还有蔬菜沙拉——到了北极，就没有尝到过蔬菜的滋味！

宴会结束后，我们开始一起观看在北极拍摄的录像资料。大卫多夫把我叫进他里间的办公室，送给我一些他们实验室出版的各类资料，并希望我能够参加这里每年举行一次的文化生态学方面的学术研讨会。大卫多夫留着大胡子，说话幽默风趣，我很喜欢与他交谈。他说他早就向往中国，曾经在布拉戈维申斯克（海兰泡）眺望过中国，但却没有机会亲自到中国看看。他说他愿意与中国人交朋友，也愿意与中国的民族研究机构建立学术合作关系。

已经很晚了，但考察队成员并没有离开的意思。人性是很矛盾的。你可能会羡慕鲁滨孙一个人自由自在的生活，也渴望过陶渊明那世外桃源般的悠然。一些厌倦了现代生活的人可能会毫不犹豫地选择远离世俗、无拘无束的生活，但人类最突出的特征之一就是群体性所带来的归属感。即人是具有社会性的动物，虽然因此而受到了诸多限制，但同时这些限制也为人类带来了秩序。我们在社会化过程中已经习惯了"有序"。当我们一下子

在阿尔汗格尔斯克，考察队员与北方生态问题研究所的研究人员共同进餐并观看考察录像片

被放置在一个远离你所熟悉的环境的时候，那些你甚至抱怨过的"束手束脚"的东西会变得如此亲切。"我们回来了！"——从昨天一下飞机，考察队员就发出这样的感慨。其实所有队员对于阿尔汗格尔斯克而言都是"过客"，但这里却是我们熟悉的社会。似乎我们被从一个遥远的梦幻世界又拉回到现实中来，于是我们急切找到"属于"自己的"圈子"——北方生态问题研究所是考察队的接待单位，其中许多人是考察队员的朋友，又是同行。对于从北极刚刚返回的考察队员而言，他们来到这里所体会到的，并不仅仅是久别重逢的感受或切磋学术的快乐，更重要的，是"归属感"的满足。

2007 年 7 月 27 日　星期五

　　早晨下雨了。一大早，大卫多夫就来到我们的住处。他告诉我，他已经帮助我联系到露天博物馆的工作人员，这位工作人员上午将在博物馆门口等我，并全程陪同我参观。

　　考察队派奥莉佳与我同往。

　　该博物馆距离阿尔汗格尔斯克城中心约 25 公里。我们按照大卫多夫的

阿尔汗格尔斯克木制建筑与民间艺术国家博物馆

安排，乘坐博物馆工作人员的班车前往。我们到达时，博物馆还未开门。

讲解员娜塔莎在入口处等我们。她给了我一份博物馆简介，之后我们开始在雨中参观博物馆。

博物馆的正式名称是"阿尔汗格尔斯克木制建筑与民间艺术国家博物馆"，被称为"Малые Корелы"，这是俄罗斯一个古老的沿海小村庄的名字。该博物馆是俄罗斯最北部的露天博物馆，占地面积近140公顷，其中的木制建筑包括水磨、风磨、教堂、农舍、钟楼等。许多展品是从原地直接搬运过来的。自1968年，第一件展品（风磨）从一个叫波尔（Бор）的小村子运到这里，到1973年，博物馆开始向游人开放。目前博物馆的展品有100

博物馆内的风磨

多件，主要是 16—19 世纪的物品，从中可以了解俄罗斯北方生活的风貌。展品包括沿海渔民的小木屋及木船、原始森林地带猎人的住所、北方居民的农舍、具有俄罗斯特色的圆锥形教堂等，包括其中的室内装饰及物品，如生活用品、捕鱼工具等，基本保持原来的形态。博物馆的古钟定期、定时向人们报时，特别是在一些重要的宗教节日，钟声更增添了节日的氛围。除展览外，博物馆还向游人开放其他一些活动，如游人可以在圣诞节、复活节等宗教节日在此参加仪式，年轻人还可以在这里举行传统民族婚礼。一些传统的游戏，包括骑马等活动也可以在博物馆内举行。

俄罗斯民族对木制品情有独钟，小木屋在俄罗斯被称为"古俄罗斯木结构建筑"，它不仅是传统民居，也是俄罗斯民族艺术的一个重要组成部分。著名的克里姆林宫就是 12 世纪在莫斯科河畔建起的一座木头城堡。直到 19 世纪初，莫斯科三分之二的住宅仍然是小木屋。今天，在俄罗斯中小城镇，特别是农村，古朴的小木屋依然随处可见。

自古以来，使用木结构盖房子的民族有很多，中国、日本等的古建筑都是使用木结构的典范，具有鲜明的民族个性和东方建筑的代表性。俄罗斯是一个有着广袤森林资源的国度，可就地取材，独特的木结构成为俄罗斯民间建筑的主要方式。这种独特的木建筑，与中国、日本的古代木建筑不同，也与西欧的传统木构架有区别。俄罗斯乡村民间的木建筑，是直接用整根原木水平叠成承重墙，它的特点体现在墙角上，保留着原木相互咬榫的痕迹，我国民间把它叫做"木刻楞"。小木屋带有很陡的屋顶，这是与地域气候分不开的，便于清除厚厚的积雪，由此形成了尖坡顶的建筑风格。在民居的木建筑——窗扇、门廊、天花板上都点缀着雕花，粗糙但很质朴，原始却流露纯真，呈现出俄罗斯民族的粗犷性格和审美情趣。

令人欣慰的是，早在上个世纪初期，在俄罗斯的不同地区就建立起木建筑博物馆，使得俄罗斯民族木建筑的手工艺及传统得以保存，而且那些民族天才的手工艺者仍然创造着木建筑的精华，保护着俄罗斯村庄的风貌。在莫斯科以东近200公里的古城苏兹达利也有一座"露天木建筑博物馆"，由各地移来的10余座19世纪典型农村木屋构成，地主、富农、中农、贫农的住房以及乡村教堂，一应俱全。穷人和富人的房子，区别无非是大小和陈设。直到今天，俄罗斯农村木屋依然维持着传统结构：进门是穿堂，随后是厨房，用炉炕同正房隔开；一人多高的炉炕顶上双人床大小的地方，是老人的"卧室"；正房最明亮的一角为供耶稣像的"红角"。一侧是长条桌和长条宽板凳，这是全家吃饭的地方；另一侧是木床，算是"主卧"了。旁边是保存全家衣服和细软的大木箱；孩子们则睡偏屋。这种全木结构的农舍冬暖夏凉，很受俄罗斯人钟爱。

下午，我们来到一家非常简单的小餐厅用餐。这里有些像国内的"农家菜馆"。小小的木屋中，几张桌子很随意地摆在屋子中间，只有一位主妇和一个小男孩，地上趴着一只猫。在博物馆，这样的用餐场所有好几家，客人不多，但很干净，都是一些最传统的俄罗斯风味食品。我们点了面包、沙拉、俄式烤鱼、红菜汤。奥莉佳还建议要一瓶伏特加，但我认为那样会影响接下来的参观，所以我们要了一瓶啤酒。

外面的雨一直下个不停，衣服都被浇湿了，有些冷。餐馆女店主一个人忙前忙后，一会儿就准备好了我们所需要的食品。吃了些东西，身体也逐渐暖和了。我们每人又要了一杯咖啡，边喝边和女店主聊天。她说今天下雨，所以游人较少，周末特别是节日里游人还是挺多的，但来这里吃饭的人并不多，因此她一个人也能够忙得过来。我们谈话时，小男孩蹲在地上逗弄着那只小猫，不时地也跟我们聊上几句。

如果不是临走时需要付账，真会忘记自己是在一个旅游场所参观。这里就是一个温馨的家：女人、孩子、宠物，以及空气中弥漫的浓浓的烤鱼的香味——这也许就是博物馆创意者所要营造的氛围。

2007年7月28日　星期六

　　今天，在北方生态问题研究所举行了"北极考察"记者见面会。阿尔汗格尔斯克的许多媒体都出席了。发布会由考察队负责人伊高力主持并做重点发言。此外，圣彼得堡大学地理学科学研究所社会地理与地方政治实验室主任康斯坦丁、拉脱维亚生物学家吉格娜分别做了发言，对卡宁半岛的独特地貌、罕见的稀有动物的分布做了描述，并就保护生态环境及少数民族传统生计方式的意义等方面发表了个人的见解。

　　伊高力的发言应该是总结性的。他高度评价了此次北极考察的重要意义，对考察队员在极度困难面前所表现出的无畏精神和团队意识大加赞赏。他说这次考察活动基本走遍了卡宁半岛所有涅涅茨人游牧区，最北到了卡宁角（Канин нос），访问了40多个家庭，收集到大量的民族学、社会学、人口学资料，绘制了牧民的牧场分布图及转牧路线图，拍摄了15,000张照片，并录制了10个小时的录像资料及7个小时的录音资料。每个队员都做了田野考察笔记，这些资料经过整理后将是非常有价值的，不仅可以用于与1926—1927年的北极民族学考察资料进行比较，同时也能为俄罗斯民族学研究提供实证经验。他还特别强调在卡宁民族区制定发展政策时考虑民族、文化因素的重要意义，指出卡宁半岛的涅涅茨人的生计方式是适应当地环境的。在卡宁半岛生活的驯鹿人口总数近百年之所以没有改变，是因为有限的牧场资源限制了牲畜的头数及人口的数量。以往在卡宁半岛进行的各种提高驯鹿业发展的尝试均未获得成功，就是因为忽略了土著人的生存策略。所以俄罗斯北方的发展应该考虑民族特点。在全球化条件下，保存北方驯鹿民族文化遗产在一定程度上能够保持俄罗斯文化的个性，这将带来长久的经济效益。

伊高力虽然年轻，但很有号召力，而且他也擅长宣传造势，从考察队出发起，来自新闻媒体的采访活动就未曾中断。他还说开学后要在圣彼得堡举办新闻发布会，届时希望我去参加。可惜我要赶在9月开学前返回学校，不可能参加这个活动。今天你若在俄罗斯搜索网站上敲进"圣彼得堡大学北极考察"几个关键词，会读到各新闻媒体对此项活动的介绍，这与伊高力的努力是分不开的。而且在考察过程中，他还说服一家通讯公司资助了在极地环境下的通讯设备。

虽然在伊高力的总结中更多地渲染了考察活动的正面意义。但客观地说，从去年开始的、以圣彼得堡大学历史系民族学与人类学教研室为主力阵容的民族学考察，由于客观因素（包括经费短缺等原因），存在"走马观花"的现象，在一个多月的时间内，路途占用了大量时间，而真正与涅涅茨人接触的时间更是少得可怜。

前面谈过，重视田野考察及民族志撰写是俄罗斯民族学的一个重要特点。通常认为，俄罗斯民族学形成于19世纪中叶，但有关俄国历史民族的民族志资料则出现在中世纪的编年史中。1715年Г·诺维茨基撰写的《奥斯加克人简述》被视为俄国第一部民族学著作。随着俄国领土的不断扩张，大规模的民族调查逐渐展开，出版了诸如《堪察加地方志》、《俄国国内各民族生活礼节、信仰、习俗、住宅、衣服及其纪念物的记载》等一批俄国国内民族志资料。同时，对世界其他地区、国家的民族考察也在开展。如19世纪末20世纪初，俄国一些地理学家、语言学家、民族学家和探险家先后到中国新疆、内蒙古、东北等地探险和调查，如波兹涅耶夫、库罗帕特金、克罗特科夫、克列缅茨、普热瓦利斯基等。在1912、1913年，中国民族学界所熟知的史禄国[1]曾经3次赴后贝加尔考察。1915—1917年间，他又奉命去了中国蒙古和西伯利亚毗邻各地调查。正是他的考察活动及由此出版的成果，奠定了他在国际民族学、人类学界的重要地位[2]。而俄罗斯学者对于世界民族研究所做出的贡献，也基于其广泛、深入的民族调查工作。民族学苏维埃学派的许多代表人物的名字往往是与某些地区或某些民族的名字联系在一起的，如从事中亚地区民族学和花剌子模考古研究的С.П.托尔斯托夫；从事西伯利亚地区研究的М.Г.列文；从事波罗的海和东南亚地区民族学研究的Н.Н.切博克萨罗夫；从事澳大利亚、大洋洲地区民族学研究的С.А.托卡列夫等。

但在20世纪80年代，在《苏联民族学》杂志上出现了关于民族学调查方法的讨论。有学者指出，"无论是观察还是整个田野工作，为了不至于浮于表面，都应该是足够持久的"[3]。这个观点主要是针对苏联民族学界所出现的一种"总趋势"，即逐渐放弃"定点的"田野工作，以至于以短期的小组或个人旅行的形式排斥综合考察，这种"旅行"主要是在夏季进行[4]。事实上我

---

[1] 即С.М.希罗科戈罗夫，著有《通古斯人的心理——心灵情结》一书，于1935年出版。

[2] С.М.希罗科戈罗夫是一位在民族学研究领域有很高造诣的学者，但在他的国家，他的名字远不及在中国知名。正如他的本国同行所描述的："总的来说，希罗科戈罗夫的研究运气不佳。他的一些成果是在中国用俄文发表的，不论是苏联学者，还是西方学者，几乎都毫无所知，尽管他的个别观点已被引用，如中国民族学派代表人物吴文藻、费孝通就授受过他的观点。"Ю.В.布朗利、М.В.克留科夫：《民族学：在科学体系中的地位、学派和方法》，载《苏联民族学》，1987年第3期。

[3] М.Н.什梅廖娃：《田野工作和现实研究》，载《苏联民族学》，1985年第3期。

[4] Ю.В.布朗利、М.В.克留科夫：《民族学：在科学体系中的地位、学派和方法》，载《苏联民族学》，1987年第3期。

们的这次考察活动无论主观上有多少理由，但这种利用暑假"旅行"的短期行为特点仍然是明显的。然而在整个考察活动中我们也能够感受到考察团成员努力保持学术传统的执著。如其中所体现的多学科结合的特色（考察团成员包括民族学、生物学、地理学等多个学科背景）以及追随前辈学者的研究轨迹进行比较研究的方法等。前面谈到过，圣彼得堡大学之所以仍然沿用旧的称谓及自己的教学大纲，就是要继承本国的科学传统。但我们也看到，苏联解体后，民族学界出现了批判、否定传统的倾向。正如当代俄罗斯学者所言：对苏联民族理论"这种否定的评价不仅来自西方社会和文化人类学家方面，而且来自祖国的学术集团方面。后者的一些代表人物把祖国的民族理论贬低为今天很少有人把它作为理论模式加以赞同的露骨的原初主义"[1]。在这样的背景下，俄罗斯圣彼得堡大学对传统的珍视就显得难能可贵。这一点，俄罗斯民族学界的领军人物、俄罗斯科学院民族学与人类学研究所所长季什科夫也承认。他说："我觉得，圣彼得堡和新西伯利亚的民族学家保持着自己典型的学术面貌。"[2]

---

[1] И.Ю. 扎里诺夫著，高永久、徐亚清译：《论"民族"》（上），载《世界民族》，2003年第5期。
[2] В.А. 季什科夫著，高永久、韩莉译：《民族政治学论集》，民族出版社，2008年，第17页。

2007 年 7 月 29 日　星期日

已经买了晚上的火车票。白天没有安排任何事情，所以我们继续在城市参观，并计划去工艺品店购买纪念品。

阿尔汗格尔斯克市中心位于北德维纳河堤岸，河曲一带最繁华，中央市场、音乐厅和几家博物馆都在这一片。与俄罗斯其他城市一样，阿尔汗格尔斯克也有数目众多的教堂、修道院。在俄罗斯旅游，大概参观得最多的莫过于宗教建筑。那一座座或体现着俄罗斯古典建筑风格、或带有希腊神殿风韵、或闪烁罗马古建筑遗风的精美无比的教堂无不给人一种赏心悦目的艺术享受。有时我会感慨，苏联70余年，对宗教的态度比中国的"文化大革命"时期还要极端，为什么那代表俄罗斯文化的宗教建筑仍然能够保存得完好如初？但俄罗斯人的一段经历让我明白了其中的道理：在圣彼得堡遭受到那人类战争史上最残酷围困的900个日子里，人们的生存都没有了保障，却没有忘记把教堂上那醒目的金顶涂上黑色，以免成为炮弹攻击的目标——俄罗斯人对艺术的创造力是惊人的，对艺术的热爱和保护也是令人感动的，甚至是不惜付出生命代价的。正因为如此，我们今天才能一睹这因宗教而衍生的璀璨的艺术瑰宝。

我们去了几家工艺品商店，其中商品以木制品为主。与莫斯科、圣彼得堡相比，这里的木制品从体积、重量上讲更富"北方特色"。考虑到还要经过阿尔汗格尔斯克、圣彼得堡、莫斯科、北京的遥远路途及携带因素，我虽然看中了几件漂亮的容器，但还是放弃了，只选中几个俄罗斯传统

"套娃"。套娃是一种彩色的木制玩具娃娃。这种木头娃娃一般都是身穿民族服装的俄罗斯姑娘,头上戴着鲜艳的花头巾,金色的头发,俏皮的大眼睛嵌在红扑扑的脸蛋上,造型纯朴,色彩艳丽,具有浓郁的俄罗斯民族色彩。木头娃娃的腰部可以打开,里面套着一个稍小的娃娃,再打开,又套一个,一般为连续套3~7个,还有的连续能套十几个,其中最里面的那个娃娃,甚至小到像黄豆般大小,可是依然须眉毕现、栩栩如生。这种娃娃,中国人称之为"套娃"。在俄罗斯各个城市,不管你走到哪个市场、商店以及旅游景点的摊位上,几乎都可以看到。套娃的俄语称谓是"玛特廖什卡"(Матрежка),其最初形象是一个可爱的秃顶老头,后来几经变化,成为现在这个样子。十月革命前,"马特廖莎"这个名字很普遍,许多勤劳善良

2007年7月29日 星期日

考察队员整理好行装,准备返回圣彼得堡

的俄罗斯妇女都叫这个名字。"马特廖莎"一词源自拉丁语"mater",意思是"母亲",于是这个名字就常常让人联想起有着一个大家庭的健硕、开朗的母亲。后来,"马特廖莎"成了一种工艺品名,由多个娃娃组合而成,象征着"马特廖莎""母性"、"生养"的特点。

晚上6点左右,我们回到宾馆。看得出来,每个人都是归心似箭。我们简单吃了晚饭,乘坐出租车到了火车站,搭乘晚上10点的列车,向圣彼得堡出发。

2007年7月30日 星期一

经过一天一夜，列车终于抵达圣彼得堡。

站台上挤满了接站的人。几乎每位考察队员都有亲友迎接，特别是学生，他们中多是第一次出远门，而且是到如此艰苦的环境中工作，家人的担忧可想而知。

与我一同到圣彼得堡大学进修的长春大学俄语教师孙慧杰来接我。她没有一下子认出我——近一个月下来，我瘦了很多，也黑了很多。而在挤满俄罗斯人的人群中，我一眼就看到了她，并兴奋地喊叫着她的名字奔向她——我是如此激动，眼泪在眼眶中打转。

如果没有异乡、异客的亲身感受，"祖国"、"故乡"、"亲人"的概念是难以深入人心的。一位外交官曾告诉我：他在国外生活了4年，回国时走下飞机舷梯所做的第一件事，就是趴在地上，亲吻祖国的土地。其实我也完全可以一个人打车回宿舍，但又是如此强烈地想尽快见到"祖国的亲人"，所以打电话给孙慧杰，希望她能来接我——我已经近一个月生活在俄罗斯人的圈子里，磕磕绊绊地讲着自己并不熟悉的语言。我现在最想做的，就是和中国人在一起说中国话！作为民族学者，我们常在"认同"、"民族意识"、"国家意识"、"族界"等学术用语上做文章，但在特定的场景下，这些"形而上"的东西似乎会在瞬间产生，而且内涵非常清晰。如1996—1997年我在中亚实习期间，一位哈萨克斯坦某大学校长邀请我到他的学校担任1年汉语教师。他找我谈话时用了这样的话："我们之所以选定你，因为你的身份是东干人，如果是中国人（指汉族人），我们不会有这样的选择。""Китаянка"（阳性 Китаец）这个词可以有两种解释，即"中国人"或"汉族人"。后来想想他应该说的是"汉族人"，但我当时的第一反应就是"我是东干族，更是中国人"。俄罗斯、中亚等地区称回族为"东干人"或"东干族"。清代回族移居中亚后在20世纪20年代被界定为一个独立民族——东干族，目前已有11万人，在中亚经济开发（特别是种植业发展）中发挥了重要作用。20世纪70年代，在苏联人口普查中，东干人即以其每千人口中博士、副博士、大学生所占比例多而被列为全苏受教育程度最高

的民族。在中亚，东干人有很好的口碑，我也在向当地人作自我介绍时常常提及自己"东干人"（Дунганянка）的身份。但这位大学校长的话无疑刺激了我的"国家意识"。从理论上讲，群体认同会表现在不同的层面上。当一个中国的少数民族来到国外，国家层面上的认同可能会上升到最高层面上，其次才是民族层面上的认同。这一点在我与中亚东干人接触过程中有非常清晰的表达：对方认同我的同民族身份，但首先强调我是"中国人"；同样我将他们作为在中亚交往中最可信赖的同民族成员，但我时时不会忽略他们"外国人"的标记。特别是当我的东干族朋友向我谈起中国的劣质

圣彼得堡

产品时（中亚各国独立后，大批中国商人到当地倒卖伪劣产品，给当地人造成很坏影响。这种情况近些年已经有了很大程度的改变），我的自尊心会受到伤害。这种时候，我会极力辩解，阐释中国的伟大和中国人的诚信。在国外，我最大的感受是外国人了解中国和中国人的"短处"超过其"长处"——特别是我接触最多的中亚人和俄罗斯人，也许是与历史上的中苏关系有关，或许过去苏联"老大哥"曾经长期被我们仰视？无论如何，他们似乎很难承认中国目前的发展及在世界上日益上升的地位。

我开始与考察队员们告别，心里生出一股眷恋……我非常珍惜在北极考察的过程中，考察队成员给我的友谊和关怀。这是一段难忘的经历，在那样一种特殊的环境中，考察队成员结成最紧密的团体，共同克服困难，完成考察任务。今天我们就要分手了，而且今后将很难再见面。

就是带着这种眷恋，我登上了回圣彼得堡大学宿舍的汽车。7月，圣彼得堡仍然是昼长夜短。已经很晚了，暮霭中的落日仍然迷恋这美丽的城市，迟迟不愿离去。黄昏的涅瓦河静静流淌着，夕阳掩映下的河水波光粼粼，河岸两侧古老的建筑被镀上了一层暖暖的金色。

这暖暖的金色也包围了我的心——也许只有经受了寒冷才能体会到夏日的温暖。我享受着这份温暖，充满感动……

结束了，我的北极之行……

后　记

　　这本考察笔记——也许称为"随笔"更为确切——完成了。按照"套路",要感谢对这项工作付出过劳动和感情的所有人。说什么呢?也许是要提到的人太多,反而不知说什么了。一直认为自己是个幸运的人:父母健康,仍有能力爱我;我工作的单位像一个和睦的大家庭,很温暖;我的丈夫从来不吝惜用心力支撑我;还有朋友——因为有了你们的陪伴,我的人生道路从此多了几许关怀,几许温暖,我的心也由此溢满了热忱和感恩。

　　感谢白振声教授为本书作序。白老师(我还是更愿意用这个称呼)目前担任中央民族大学"985工程"中国当代民族问题战略研究哲学社会科学创新基地"民族发展与民族关系研究中心"主任,我是他的助手。白老师是一位甘心幕后的长者,在工作中为我提供了各种锻炼的机会。

　　感谢圣彼得堡大学为我提供了一次难得的北极考察的机会。这是一次人生历练,是一段悄然印在我生命中的珍贵片断。如果没有白海的滞留与期待,我不会如此强烈地感受到生命的意义;感谢涅涅茨人——他们生活在那遥不可及的地方。他们的生活方式是简单的、自然的,不求富贵,只求平安,人的平安和鹿群的平安。因为有了他们,冻土带变得温暖。我虽然只与他们生活了数日,但他们的真诚、厚道深深感染了我,感动了我。他们会大声讲话,开怀大笑——我们当然也会,只是会担心别打乱了周围的"秩序",但他们不用有任何担心。冻土带是辽阔的,在其中生活的人的心胸也是辽阔的。

　　在书中,我主要描述了北极考察所见、所思,但同时也对俄罗斯的民族学研究有所涉猎。这次考察实际上是圣彼得堡大学民族学与人类学教研室组织的专业实习，所以我对实习的整个过程，包括行前准备、训练甚至问卷，都做了详细说明。我也希望通过我的观察，使我们了解我们国外的同行在做什么、怎么做。俄罗斯民族学曾经对中国民族学产生过很大的影响，这几年我们更多地吸收、学习西方民族学、人类学成果，似乎忽视了俄罗斯民族学曾经的作用。从我的描述中，你也许能够看到，在新的历史条件下，俄罗斯民族学者既保持传统又争取创新的努力。

田野考察是民族学的主要研究方法。世界许多民族学家是以"他国"、"异民族"的研究而著名的。中国虽然也有这样的学者，特别是近几年有些海外留学的年青人以此类研究见长，但从中国民族学发展的历史看，主要是用国外的相关学科理论研究中国的实际问题。当然，中国史籍中有关"异民族"的描述丰富了世界民族研究的宝库，然而我国学者从现代意义上的民族学视角进行的国外民族研究并不多见。我这次参加北极考察的出发点主要是想通过这样一个机会了解俄罗斯民族学教学及研究的现状及方法，另外就是能够亲眼目睹北极风光。由于没有为自己的考察设定研究目标，所以在这份"考察记"里只能简单记录考察过程，并不能对考察对象进行更深入的分析及研究。

我相信，随着中国民族学的发展，会有越来越多的学者参与到世界民族研究的行列中，即我们不仅研究自己或只被别人所研究，我们也要研究别人，在文化多样性的比较中寻找民族发展的规律。

2009 年 8 月 28 日

于中央民族大学文华楼